L 23

# LES BORDS DE LA SAONE.

# LES BORDS
# DE LA SAONE,

### De Lyon à Chalon.

HISTOIRE. — BEAUX-ARTS. — INDUSTRIE. — COMMERCE.

### Par Kauffmann.

PARIS.
GARNIER FRÈRES, LIBRAIRES, PALAIS NATIONAL.
LYON.
BALLAY ET CONCHON,
Rue Lafont, Galerie du Grand-Théâtre.

M. DCCC. LI.

I.

Quand vous montez dans une voiture ordinaire qui vous transportera d'un lieu à un autre avec une vitesse calculée, arrêtée à l'avance, uniforme dans les plaines, accélérée aux descentes des montagnes et des collines, ralentie aux montées, en raison de leur pente, vous connaissez parfaitement l'instrument de locomotion, l'être dont l'effort imprimera le mouvement au véhicule qui vous porte, le cheval, enfin, qui tire votre voiture. Vous savez quel poids un cheval peut entraîner sur une route ordinaire, à une vitesse donnée, vous pouvez donc calculer d'après la pesanteur de la voiture, des marchandises et le nombre des voyageurs, combien de chevaux sont nécessaires à la marche régulière de votre moyen de transport. Vous voyez le cheval obéir à la voix et au fouet du postillon, courir, s'arrêter; vous entendez ses hennissemens, sa respiration, le bruit de ses pieds sur le pavé; vous vous apercevez que son fer en frappant le caillou en fait jaillir des étincelles; vous voyez son poil fumer quand son corps est échauffé par la course. Vous savez que, pour réparer les forces qu'il aura dépensées dans la traction, il recevra des alimens, de l'eau. Il fonctionne à vos yeux, et vous vous rendez compte de tous ses mouvemens, de tous ses actes et de leur but.

C'est la vapeur qui va aujourd'hui pousser sur les eaux, que le vent lui soit opposé ou qu'il frappe le bateau par la poupe, qu'il faille descendre ou remonter le courant; c'est la vapeur qui va entraîner le navire sur lequel vous êtes monté. Il faut étudier ce cheval nouveau qui vient se substituer à l'ancien, ce cheval du dix-neuvième siècle, conquis par la civilisation moderne pour réaliser les merveilles de ce que nous appelons la fable, sans trop savoir si l'ignorance n'a pas relégué parmi les fables des conquêtes perdues, oubliées, dont la vague tradition altérée par les âges n'a plus semblé que l'aspiration d'esprits aventureux. On a tant de fois pris une médaille fruste pour un mauvais sol gâté par le balancier, tant de fois un bas-relief chargé de terre glaise a été employé comme moëllon dans la construction d'un mauvais mur, qu'il est pardonnable de douter quelquefois si, en industrie, ce que nous appelons une invention nouvelle n'est pas souvent une restauration.

Cet être qui va, lui tout seul, emporter ce navire, hippogriffe ou centaure, ou poisson, fonctionne comme tous les êtres humains. Il ne ressemble pas mal à une grande sauterelle, quand il marche sur les rails d'un chemin de fer. Ici, vous ne pouvez pas bien juger de sa forme, il est à moitié enseveli dans les charpentes, il a plié ses membres aux formes du bateau; au lieu de pousser ses bras horizontalement, il les élève verticalement, mais toujours avec une grâce infinie et une précision admirable. Là-bas, c'était sur un char à six roues, étroit, pas très long, qu'il déployait sa puissance; ici, il a des ailes, non pas pour frapper l'air, mais pour prendre sur l'eau un point d'appui et s'élancer.

Regardez-le agir. Ne voyez-vous pas la vie résider en lui et se manifester par des mouvemens réguliers? Il boit ici à larges gorgées l'eau de la rivière, comme sur les routes ferrées l'eau placée dans des réservoirs appelés stations et qui sont ses auberges à lui. Il en emplit sa poitrine recouverte d'une dure carapace comme celle d'un scarabée. Il mange et fait chaque jour une grande consommation; les autres animaux sont carnivores ou herbivores, ils se nourrissent de ce qui vit ou germe sur la surface de la terre, celui-ci dévore les entrailles mêmes de la terre que des hommes vont fouiller, miner, briser dans des puits d'une immense profondeur, dans des galeries souterraines, au prix de durs travaux, au péril de leur vie, et que ses noirs palfreniers lui jettent incessamment à la bouche. Son estomac digère le feu; il crache des laves.

Quand vous respirez, vous voyez en hiver se former au sortir de votre bouche une petite colonne de vapeur, un petit nuage blanc ; lui, quand il respire, il nous envoie par cet appareil respiratoire, que les hommes ont appelé prosaïquement une cheminée et qui est tout simplement une magnifique antenne, longue, large et creuse, il nous envoie un immense nuage qui ondule dans l'air à flocons pressés, et simule assez bien un panache flottant, revêtant tour à tour, au gré de son caprice, le noir le plus mat, le brun, le blanc d'argent, et se balançant sur le casque de quelque géant.

Il marche, et vous entendez le bruit cadencé de ses mouvemens qui se succèdent à intervalles égaux, aussi réguliers que les sons du meilleur instrument sous les doigts du plus habile artiste. Il obéit au frein, il accélère ou ralentit son allure, il s'arrête quand du haut du pont le capitaine crie :

*A......rrêtez!* Et si on le laisse long-temps au repos, il s'amuse à siffler un air infernal sur des notes aiguës à vous briser le tympan, et il crache en l'air une pluie fine qui vous retombe dessus, comme les autres chevaux vous arrosent d'une eau moins blanche et moins pure en frappant du pied les flaques d'eau. Il reprend sa course au commandement, il avance, il recule, il tourne, et ce soir, quand il aura fini sa journée, il se reposera pour recommencer demain, et son valet de chambre lui fera sa toilette, comme on lave et bouchonne les autres animaux; il n'aura pas une tache.

Il a des nerfs vigoureux, des muscles d'une fière force, et toutes les jointures de ses membres d'acier sont graissées d'huile, de même que chez les autres animaux elles sont humectées, lubrifiées par une liqueur que secrètent les chairs. Il a un nom qu'il tient de parrains célèbres, il s'appelle *Papin*, *Fulton*; on le baptise quelquefois *Hirondelle*, *Zéphir*, *Corsaire*, *Ouragan*; il a ses jours de malaise, de fatigue; parfois aussi d'étranges caprices,

et si ce soir son conducteur, son cornac
oubliait d'éteindre le feu de sa gorge, il serait
capable de s'en aller tout seul, comme cela lui
arrive de temps en temps sur les chemins de
fer, et comme il ne serait pas guidé par les
rails et qu'il n'y voit pas la nuit, il pourrait
produire de graves accidens. Au rebours des
autres chevaux, il ne mange qu'en travaillant
ou au moment de se mettre en route, afin de
se donner les forces nécessaires pour commencer sa course. Il fait en général trois
lieues, ou douze kilomètres, à l'heure sur une
eau tranquille. Sur le Rhône, à la descente,
c'est-à-dire à l'aide du courant, il a fait parfois jusqu'à vingt-cinq kilomètres.

## II.

Lyon gauloise. — Lyon romaine. — Situation de l'ancienne ville. — Camp des légions. — Voies romaines, aqueducs. — Lyon après la destruction de l'empire romain. — Les Huns, les Sarrasins et les Francs.

Il ne reste à Lyon, tant de fois ravagée par les incendies et les inondations, aucune trace appréciable de l'époque gauloise. Il n'y a que de vagues traditions sur son existence avant la conquête romaine, qui y a fondé des monumens dont les débris ont résisté aux efforts de dix-huit siècles, à la torche des incendiaires, aux ravages de plusieurs invasions, des guerres politiques et religieuses, qui ont taché de sang les feuillets de la triste histoire de cette ville à laquelle il a fallu un incroyable courage, une persistance sans égale pour renaître toujours de ses cendres et durer à travers tant de ruines et de souffrances.

Sans demander à des migrations douteuses l'histoire inconnue de la fondation de Lyon, n'est-il pas tout naturel de penser que nos aïeux, guerriers, agriculteurs, commerçans, se sont établis au confluent de deux fleuves, rempart naturel à leurs demeures et pouvant servir au transport des produits de l'industrie et de l'agriculture? Les Gaulois étaient industrieux et industriels tout à la fois, et le plateau de la Bresse, les plaines du Dauphiné, pour porter alors d'autres noms, n'en avaient pas moins l'eau et le soleil qui les fécondent aujourd'hui; l'un coule et l'autre brille sans se soucier de qui domine ou travaille la terre, tour à tour arrosée et échauffée par des flots et des rayons.

La cité gauloise devait être assise principalement sur les deux collines de Saint-Sébastien et de Saint-Just, et sur les rives droites de la Saône et du Rhône, ainsi que le fut plus tard la cité romaine. Quant à la presqu'île qui est aujourd'hui la partie principale de la ville de Lyon, ce n'était alors qu'une dune, une agglomération de sable et de gravier laissée par les eaux des deux fleuves, dans les remous naturels qu'ils faisaient au pied du rocher granitique de la colline de Saint-Sébastien ; c'étaient des lônes, des brotteaux, des vorgines, au milieu desquels s'élevaient ça et là des habitations de pêcheurs, de constructeurs de barques, des entrepôts de bois et de grains, des usines peut-être où le sable se transformait en verre, la glaise en briques, le minerai en armes.

Le terrain solide ne s'étendait qu'au point où est aujourd'hui le quartier de Saint-Nizier, et on retrouve là, dans les caves, des vestiges de quai, de digue, dont l'époque, il est vrai, ne peut être déterminée, mais qui annoncent des travaux sérieux et prouvent que le terrain de la cité n'a été que le résultat de conquêtes successives.

Quant au passage de la Saône derrière la colline de Fourvières dont quelques auteurs ont parlé sans avoir vu les lieux et dont la tradition se conserve dans l'esprit de beaucoup de personnes, il suffira de dire, pour en faire comprendre l'impossibilité, que le sol de la Demi-Lune ou Grange-Blanche, où la Saône aurait passé, est plus élevé au-dessus de la place des Terreaux que la place des Minimes à Saint-Just.

Que les rochers de Pierre-Scise et du fort Saint-Jean qui bordent les deux rives soient de même nature, cela n'est pas douteux; qu'ils aient été plus rapprochés, cela est certain, puisque chaque siècle les recule et que chaque jour, toute la population lyonnaise entend depuis son enfance éclater la mine qui les sépare de plus en plus. C'est tout; la Saône était resserrée; dans les crues elle refluait, inondait le Plan de Vaise, le bas du vallon de Gorge-de-Loup, mais partout les montagnes l'enceignaient et la retenaient. Les eaux creusent les rochers ou passent par-dessus et font cascade; la Saône eût dépassé deux fois la hauteur du rocher de Pierre-Scise avant d'arriver à la Demi-Lune. Son lit était trop étroit, on l'a élargi.

Au surplus, le rocher de Pierre-Scise a été coupé beaucoup moins pour donner plus d'espace aux eaux de la Saône que pour ouvrir sur ce point une des voies romaines dont il sera parlé tout-à-l'heure.

C'est à Munatius Plancus qu'est attribuée la fondation de Lyon, quarante-sept ans avant l'ère chrétienne. Peut-être le préteur romain se borna-t-il à la restaurer, à l'agrandir; les Gaulois ont peu d'archives, quinze siècles devaient s'écouler avant que l'imprimerie fut trouvée, et si elle n'existait pas aujourd'hui, nous verrions circuler des milliers de manuscrits qui affirmeraient que Napoléon a rebâti Lyon détruite par la révolution; il s'en faut de peu qu'on l'imprime aussi nettement, parce qu'il a posé la première pierre de l'une des façades. Ce fait contemporain peut et doit servir à montrer combien il est difficile d'écrire l'histoire de la fondation des villes.

En général, ceux qui les commencent ne pensent guère à fonder une ville; à l'exception des rois, des conquérans, qui espèrent asseoir leur immortalité sur les pierres des monumens, les populations qui s'agglomèrent sur un point, et qui sont les véritables créatrices des cités, sont réunies par les besoins du commerce et de l'industrie, par la nécessité de se défendre contre les pillards isolés et les bandits en troupes.

Durant la conquête des Gaules, Lyon fut d'abord un camp romain, dont l'emplacement était admirablement choisi, sur le plateau qui s'étend de Saint-Irénée à Grézieux-la-Varenne et Craponne, où l'air est d'une grande pureté, sur le versant oriental duquel coulaient deux fleuves et qui était coupé de petits ruisseaux. Autour de tous les camps, dans l'antiquité comme dans les temps modernes, accourent les mille industries qui fournissent aux besoins et aux plaisirs des soldats. Des cabanes s'élèvent autour de l'enceinte des tentes : le camp du négoce à côté du camp de la guerre. Quand ces réunions de soldats durent long-temps, prennent un caractère de permanence, des maisons solides succèdent aux cabanes, et quand il se trouve un grand capitaine, un homme de génie comme Agrippa, qui comprend l'importance d'un point central, où se réunissent deux cours d'eau, chemins naturels du commerce entre l'Italie, l'Océan et la Méditerranée, il y trace de larges et solides voies qui passent à travers les Gaules, de Marseille au Nord en reliant Narbonne, de l'Océan aux Alpes en sillonnant l'Auvergne. Et comme les soldats n'ont pas le privilège, qui serait du reste fort absurde, de parcourir seuls les routes qu'ils construisent, le commerce les partage bientôt avec eux.

Tels furent les commencemens et les premiers développemens de la cité lyonnaise, du *Lugdunum* ancien, sous la domination romaine. Cette ville devint le point central du commerce des Gaules et des réunions des légions de Rome. Quatre voies de communication conduisaient, l'une aux Pyrénées en passant par la Guyenne, l'Aquitaine, les Cévennes et l'Auvergne ; c'était la route suivie, en partie, par Annibal ; une autre au Rhin, après avoir longé les Alpes ; une troisième vers Marseille ; la quatrième vers l'Océan par le Bourbonnais, le Beauvoisis, la Picardie.

Presque tous les historiens, se copiant du reste les uns les autres, disent que l'on a retrouvé et que l'on voit encore sur le coteau de Saint-Just, et près de la porte de Saint-Georges, des restes d'une de ces voies. Il est probable que le premier qui a émis cette idée, s'est trompé; ces constructions paraissent plus modernes; les premières sont des arcades supportant une terrasse de maison de campagne; celles de la porte Saint-Georges ont appartenu, à ce qu'on croit, à une ancienne forteresse bâtie par les chanoines de Lyon, en guerre contre les habitans. Vous pouvez la voir en traversant le pont d'Ainay; elle est sur une pente très abrupte et ne ressemble en rien aux constructions romaines destinées à soutenir les routes. Elle forme une cavité qui la fait ressembler assez bien à un four.

Le point de jonction des deux routes qui allaient au Nord, aux Pyrénées, devait se trouver à la Demi-Lune, où il est encore aujourd'hui, ou tout près; une autre allait de ce point à la cité, comme une autre encore descendait à Vaise et contournait le vallon de Gorge-de-Loup, à l'endroit où se trouve encore la vieille route du Bourbonnais; de-là, elle arrivait en suivant la rive droite de la Saône à un pont qui reliait les deux parties de la ville, Fourvières et Saint-Sébastien, et qui devait être vers l'emplacement du pont de la Feuillée. C'est de là que devait partir la route qui se dirigeait vers le Rhin.

Ainsi, tout à la fois entrepôt et marché d'une partie de la Gaule, séjour de troupes nombreuses, desservie par de magnifiques routes, Lyon prit une grande importance qui n'est malheureusement attestée que par des ruines. Les empereurs romains y firent leur séjour, quelques-uns y naquirent, et de leur palais rien ne reste, que l'emplacement. Un hospice d'aliénés a pris la place du palais des Césars! De son *forum,* de son théâtre, à peine trouve-t-on quelques pierres. Sa naumachie, qui est peut-être ce qu'il y a de mieux conservé, est barbarement enterrée au Jardin-des-Plantes. De tous les débris romains, les seuls qui attestent véritablement sa grandeur, sont les aqueducs qui amenaient les eaux du Mont-d'Or au Nord, celles du Pilat au Midi, les déversaient dans des réservoirs de distribution d'où elles étaient envoyées par des conduits et des syphons sur les places publiques, dans les demeures, dans les villas, jusques sur la colline de Saint-Sébastien. Travail gigantesque qui a résisté aux siècles et a moins souffert de leur action que du vandalisme des hommes.

Hélas! ce n'est pas sur le sol que sont les débris romains, c'est dessous. Des incendies ont détruit Lyon de fond en comble; elle s'est réédifiée pour être dévorée de nouveau; trois couches successives de ruines portent aujourd'hui ses monumens. Sous les Romains, la partie qui s'étend maintenant entre le Rhône et la Saône, fut définitivement conquise sur les eaux jusqu'à Ainay, où s'éleva le temple dédié à Auguste par les soixante nations. Ce temple fut entouré de riches demeures, car on retrouve dans tout ce quartier, à huit ou dix pieds sous le sol actuel des rues, des mosaïques qui pavaient alors les appartemens inférieurs. La dernière mosaïque découverte a été trouvée en 1843, dans la rue Jarente, par des maçons qui réparaient une cave, à deux pieds au plus au-dessous du sol de cette cave. Elle était carrée, grande, bien conservée, mais d'un travail peu fini, peu délicat. Après avoir brillé, après avoir vu les généraux Romains décider, à ses portes, du sort de l'empire, la cité romaine de Lyon eut le sort des Gaules; elle se trouvait sur la route des conquérans qui s'élançaient du nord de l'Europe et de l'Asie, conviés à la destruction de l'empire romain; elle fut assiégée, prise, pillée, dévastée par les Huns. Ils passent comme un torrent; c'est à l'Afrique qu'appartient la domination de la Gaule, Lyon est encore occupée et ruinée par les Sarrasins en 725.

Derniers flots de cette grande inondation, les Francs restent maîtres du pays; la Gaule est divisée en petites principautés, Lyon devient un moment la capitale du royaume des Burgundes. Elle échoit plus tard à de petits souverains, comtes du Lyonnais et du Forez, auxquels la disputent les archevêques de Lyon. Hier l'épée, aujourd'hui la mitre.

Les archevêques sont à peine en possession de la souveraineté que le chapitre de Saint-Jean la leur conteste. Touchante harmonie entre les membres de l'église, devenus seigneurs temporels et possesseurs de fiefs!

Au milieu des rapides changemens qui marquent cette déplorable époque, Lyon relève pendant quelque temps de l'empire d'Allemagne, pour revenir aux comtes du Lyonnais et aux archevêques. Le peuple, bourgeois, maîtres des métiers, ouvriers, manans, le peuple se lasse de ces divers maîtres qui le pressurent tour-à-tour; il se soulève en 1195, élit ses magistrats, combat, triomphe et organise son gouvernement. Il ne resta au clergé que le château de Pierre-Scise, les cloîtres de Saint-Jean et de Saint-Just. La commune lyonnaise était fondée, le gouvernement municipal commençait, mais la lutte continuait. Un instant de paix la suspendit après treize ans, en 1208.

Après le concile de 1245 elle recommença avec plus d'énergie; les soldats de l'église se livraient à toutes sortes de vexations envers les citoyens, les pillaient, les séquestraient pour les rançonner, s'emparaient de leurs biens; une insurrection éclata, elle fut générale, toutes les corporations s'armèrent et triomphèrent encore, mais non d'une manière définitive.

## III.

Lyon réunie à la France. — Luttes des divers pouvoirs entr'eux. — Souffrances industrielles. — Émeutes. — Persécutions. — Guerres religieuses. — Histoire de l'industrie des soieries.

Fatigués d'une lutte sans fin, les Lyonnais demandèrent l'appui du roi Philippe-le-Bel, qui promit de veiller au maintien de leurs franchises. Par suite de contestations entre le roi et l'archevêque, Lyon fut réunie à la France en 1310; les droits des citoyens et de l'archevêque furent réglés par un traité de 1320; le gouvernement municipal fut régulièrement institué; la ville fut administrée par douze conseillers-échevins élus par les citoyens et présidés par le prévôt des marchands. La ville était indépendante, exempte d'impôts et de garnison; cependant il y avait un gouverneur nommé par le roi, et qui avait ses officiers et sa garde. Les Lyonnais ne luttaient que contre l'église, ils auront bientôt à défendre leurs libertés, et contre l'église et contre la royauté.

Cependant les franchises de la cité, les exemptions dont elle jouit, y appellent le commerce; des foires importantes y convient toutes les industries à apporter leurs produits exempts de péage sur les routes qu'ils traversent. Mais l'exercice de quelques droits féodaux, malheureusement maintenus, ne tardera pas à troubler encore la ville qui commence à respirer.

L'histoire de Lyon, pour le moment, est à peu près la même que celle de toute la France. Administrée au nom des rois, elle souffrira de leurs malheurs, de leurs fautes, heureuse encore si elle n'avait pas plusieurs maîtres qui afficheront des prétentions égales et la soumettront à de doubles taxes. Ses consuls essaieront de résister aux exactions des officiers du roi et des officiers de l'église, ils seront vaincus, comme partout, et les exemptions écrites dans ses chartes n'empêcheront pas l'oppression et seront impuissantes à maintenir sa tranquillité.

La misère y fera de cruels ravages ; elle reviendra périodiquement frapper ses malheureux habitants, les pousser à l'insurrection, aux *rebeynes,* comme on disait alors. A Lyon, la bourgeoisie s'insurge contre l'autorité qui méconnait ses droits et la pressure, le peuple s'insurge contre la faim, contre la modicité du salaire ou la cherté du blé.

Cette double cause fit éclater une révolte en 1529 ; le roi demandait un impôt injuste, et la misère sévissait avec une cruelle rigueur. Le blé, qui se vendait d'ordinaire huit à dix sous tournois le bichet, s'éleva à vingt-six sous. Beaucoup de familles manquaient de pain ; l'hôpital, comme il arrive toujours dans les temps de disette, regorgeait de malades ; les blés du dehors n'arrivaient plus, ceux que le consulat avait fait acheter pour les greniers d'abondance ne constituaient qu'une faible ressource ; les boulangers et les marchands de grains n'avaient en réserve que des quantités insuffisantes.

Le peuple s'émut, des placards apposés sur les murs le convoquèrent à l'église des Cordeliers « pour aviser à la cherté du blé et y mettre ordre au profit du populaire. » Ces écrits étaient signés LE PAUVRE.

Hélas! pauvre qui les écrivait, pauvres ceux à qui ils étaient adressés! Misère partout. Une lutte s'engagea, et le gibet, qui ne guérit rien, vint ajouter l'horreur à la détresse. Le consulat fit vendre à seize sous les blés qu'il put se procurer; bientôt le bichet s'éleva à trente-cinq sous.

Le fanatisme et l'ignorance apportent leur contingent de misère. Les premiers siècles de l'ère chrétienne avait vu les rues de Lyon teintes du sang des martyrs par le paganisme impuissant, c'est maintenant l'église chrétienne qui persécute et brûle. Lyon voit au seizième siècle fumer les bûchers de prétendus sorciers; c'est à la crainte qu'ils inspiraient qu'on dut en 1371 une ordonnance du gouverneur enjoignant, aux penons quarteniers et dixeniers, de faire placer sur chaque *quanton* de rue une lanterne dans laquelle il y aura une chandelle allumée pour toute la nuit, afin de pouvoir saisir les sorciers qui venaient graisser les portes pour semer la contagion.

C'est probablement là le premier éclairage régulier essayé à Lyon. Nous aimons mieux la façon dont s'y prit, d'après la légende napolitaine, le prédicateur qui fit éclairer la statue de saint Joseph, puis la rue où elle était, puis toute la ville, en prouvant que saint Joseph était un grand saint aux Lazzaroni que la lumière contrariait quelque peu.

Les malheureux poursuivis comme sorciers n'étaient pas seuls à subir ces déplorables persécutions ; la liberté de conscience, la liberté de la presse avaient leurs martyrs ; la flamme étouffait dans le même bûcher les protestans et les imprimeurs.

Pendant que les cris des victimes s'élevaient vers le ciel, les chanoines de Lyon se faisaient intenter par le doyen de la cathédrale le plus étrange et le plus ridicule procès qui se puisse imaginer. Ces messieurs se trouvaient trop nobles pour fléchir le genou et s'incliner durant la messe, à l'élévation de l'hostie. Cette querelle dura cent-cinquante ans et ne fut arrangée que par Louis XIV.

De telles prétentions, quand on jette à l'échafaud des hommes accusés d'hérésie!

Sous le rapport industriel, une ère nouvelle s'était ouverte pour Lyon au commencement du quinzième siècle. Jusqu'à ce moment, Lyon avait été surtout une ville d'entrepôt; l'industrie, quoique active, n'y avait tenu que le second rang; une révolution s'est opérée entre ces deux branches de richesse, l'industrie grandit; Lyon a fait une conquête importante.

De tous les grands malheurs, de toutes les grandes calamités publiques sortent des progrès. C'est une loi de l'humanité qui console des douleurs souffertes; on regarde en avant, on interroge l'avenir et ses promesses consolent. Des Italiens, que les troubles et les proscriptions de la longue guerre des Guelfes et des Gibelins chassaient de leur patrie, vinrent aborder sur les rives hospitalières de Lyon, et lui apportèrent au commencement du quinzième siècle, en échange de l'asile qu'elle leur donnait, l'art de fabriquer les étoffes de soie.

Les premiers pas de cette industrie sont faibles et timides, comme les pas de toutes les enfances. Elle grandit, et Louis XI rend des ordonnances qui la favorisent et l'étendent. François I$^{er}$ suit l'exemple de Louis XI ; un siècle s'est à peine écoulé et la fabrique a pris un brillant essor. Henri II, en 1554, lui donne des réglemens et des statuts.

Pendant que l'industrie apporte des élémens de richesse, les guerres religieuses font couler le sang, les catholiques et les calvinistes sont en lutte, chaque parti a son armée, et en 1562 les troupes protestantes, sous le commandement du baron des Adrets, s'emparent par surprise, durant la nuit, de la ville de Lyon et égorgent des catholiques. Dix ans après, la Saint-Barthélemy apportait de nouveaux massacres, de nouvelles horreurs.

La Ligue se forme, une grande partie des Lyonnais suit la bannière des ligueurs; des barricades s'élèvent, l'autorité du roi est reniée, la guerre civile éclate, les campagnes lyonnaises sont dévastées; le duc de Nemours, gouverneur de Lyon, a conçu le projet de faire de cette ville la capitale d'un Etat indépendant dont il sera le roi. Une insurrection lui a soufflé ces espérances, une autre insurrection le renverse, le fait prisonnier, l'enferme au château de Pierre-Scise.

Lyon reconnaît Henri IV; celui-ci en récompense la pressure et l'accable de taxes et de demandes d'argent; il réduit à cinq ses magistrats municipaux. Enfin, inspiré par une bonne politique, il rend l'édit de Nantes, et, en consacrant la liberté des consciences, donne la paix aux Cévennes et au Languedoc qui en se livrant à la culture du mûrier fourniront un nouvel aliment à la fabrique lyonnaise.

L'industrie poursuivait ses conquêtes; en 1608, le lyonnais Daugnon invente une étoffe de soie, tramée de laine ou de fil, mélangée d'or ou d'argent; en même temps prend naissance la guimperie en gazes, en crêpes, en toiles d'argent ou d'or. Chaque année un produit nouveau s'ajoute aux produits anciens.

Vains efforts pour améliorer le sort du peuple! Quand ce n'est pas la guerre ou la famine, c'est la contagion qui vient le frapper. En 1628 une horrible peste éclate à Lyon, dure trois mois et enlève trente-cinq mille personnes. La misère vient se joindre au fléau; les maisons sont veuves de leurs habitans, le commerce suspendu, la fabrique de soieries paraît anéantie. Elle va se relever, les métiers recommencent à battre, et en 1630 Ferrand invente les *Ferrandines*. En 1655 on commence à lustrer les étoffes de soie blanches. La fabrique prospérait lorsque, en 1664, le conseil du roi, dans le but de favoriser une compagnie française des Indes qui venait de se former, prohiba en France les sucres terrés et les tabacs du Brésil. Faute grave, car la prohibition appelle la prohibition. Le Portugal, par représailles, exclut de ses possessions les étoffes françaises, et les ouvriers de Lyon sont en proie à la plus cruelle misère. Ils luttent cependant pour réparer les fautes du pouvoir; on fabrique des draps de soie, on ouvre de nouveaux débouchés. Enfin, la prohibition cesse et bientôt l'industrie prend des développements si considérables que, pour la première fois, dix à douze mille métiers travaillent à Lyon. Colbert donne à la fabrique de soieries de nouveaux réglemens qui sont à la fois un code de commerce et un traité de fabrication.

La prospérité de Lyon se reflète sur toute la France et surtout sur le Midi, lorsque la révocation de l'édit de Nantes vient en 1685 brusquement tarir les sources de la richesse lyonnaise, frappe dix mille familles qui émigrent avec leur industrie et leur talent. Six cent mille ouvriers exilés de la patrie vont élever des manufactures à l'étranger; Lyon, sans rivale jusques là, en trouvera désormais dans Londres, Amsterdam, Berlin, Vienne; toutes les capitales accueillent nos proscrits, qui portent la richesse avec eux. Elberfeld, Zurich, Crevelt élèvent des fabriques. Sept villes s'enrichissent des dépouilles de Lyon.

La reine Christine a pu écrire de ce fatal édit, que Louis XIV s'était coupé le bras gauche avec le bras droit. Ce n'était pas assez de la proscription, la guerre vient fermer tous les débouchés à la fabrique lyonnaise; la France est en lutte contre toute l'Europe, Lyon est dans la détresse, elle n'a plus que quatre mille métiers en 1692.

Cependant cette malheureuse ville est accablée d'impôts; le roi, pour se faire de l'argent, veut vendre les charges des magistrats et les emplois financiers de Lyon; les habitans se rachètent en donnant une somme de quatorze cent mille francs. La fabrique, toujours intelligente, lutte encore avec un courage que rien ne peut abattre, elle invente les *Popelines*, les *Filatrices*, les *Raz de Saint-Maur*; elle adopte les soies de France; mais il lui faudra de longues années et son génie inventif pour retrouver sa prospérité perdue.

Lyon fabriquait depuis long-temps des velours, Crefeld rivalise désormais avec elle ; Lyon invente en 1756 les *Velours à ramages, raz*, façonnés et figurés, en soie pure ou mélangée d'or et d'argent, les *Velours brochés*, nuancés de toutes couleurs, les *Brocatelles*, les *Satinades*, les étoffes moirées, mêlées d'or et d'argent.

Dans l'ancienne ville de Lyon, les désastres naissent des incendies; dans la nouvelle, ils sont le résultat des inondations.

Lyon avait été envahie par les eaux en 592, en 1570, en 1602; elle le fut encore en 1711 ; le sol de la cité, qui n'était pas aussi élevé que de nos jours, fut couvert en grande partie. Les deux rivières se joignirent sur plusieurs points.

Mais rien ne fut comparable à l'inondation de 1840 ; partout la désolation ; l'eau courant à travers les rues, les maisons croulant, les bateaux voguant sur la place de Bellecour, la place des Jacobins, etc. Une ville frappée par la peste et dont les habitans auraient fui n'offrirait pas un tableau plus sombre. Toutes les ruines ne sont pas encore relevées.

Les franchises municipales s'en vont mourantes; chaque siècle les avait amoindries, une ordonnance de Louis XV, rendue en 1764, restreint à DIX-SEPT notables, élus, le nombre des citoyens qui auront le droit de choisir les échevins.

L'émeute va gronder encore : un réglement accordé à la fabrique l'avait organisée en 1737 sur des bases acceptées comme équitables, l'autorité le révoqua en 1739; les ouvriers frappés dans leurs intérêts, réduits à la misère, réclamèrent une augmentation de salaire, un sou par aune; on la leur promit, et quand le danger fut passé on la leur refusa. Ils patientèrent jusqu'en 1744. Ils se lèvent alors, le 5 août, s'emparent de la ville, exigent le rétablissement du réglement de 1737, et l'obtiennent. Six mois après, le pouvoir faisait occuper la ville par des troupes, et le bourreau était encore une fois chargé de répondre aux réclamations des ouvriers.

L'année 1750 inaugure une nouvelle période de souffrances. Nos mûriers gèlent, le

Piémont et l'Espagne prohibent la sortie de leurs soies et appellent nos ouvriers ainsi que la Prusse.

A cette époque, l'usage de la soierie, beaucoup moins répandu qu'aujourd'hui, était surtout le privilége des classes riches, aussi un deuil de cour, porté par les familles des hauts fonctionnaires, amenait-il une cessation de travail dans la fabrique. En 1765, lorsque la mort du dauphin motiva un deuil de six mois, l'industrie lyonnaise qui était déjà en grande souffrance en fut gravement atteinte; les ouvriers dont la pénurie était profonde écrivirent au roi Louis XV, la requête suivante :

Six mois de deuil pour le Dauphin :
Dix ans, si l'habit noir peut lui rendre la vie...
Mais aux pieds d'Atropos comme on gémit en vain,
Puisqu'il est mort de maladie,
Faut-il que nous mourions de faim?
Sire, du travail ou du pain!

Lyon va faire d'autres conquêtes : en 1774 elle exécute au métier, pour la première fois, des étoffes représentant des paysages,

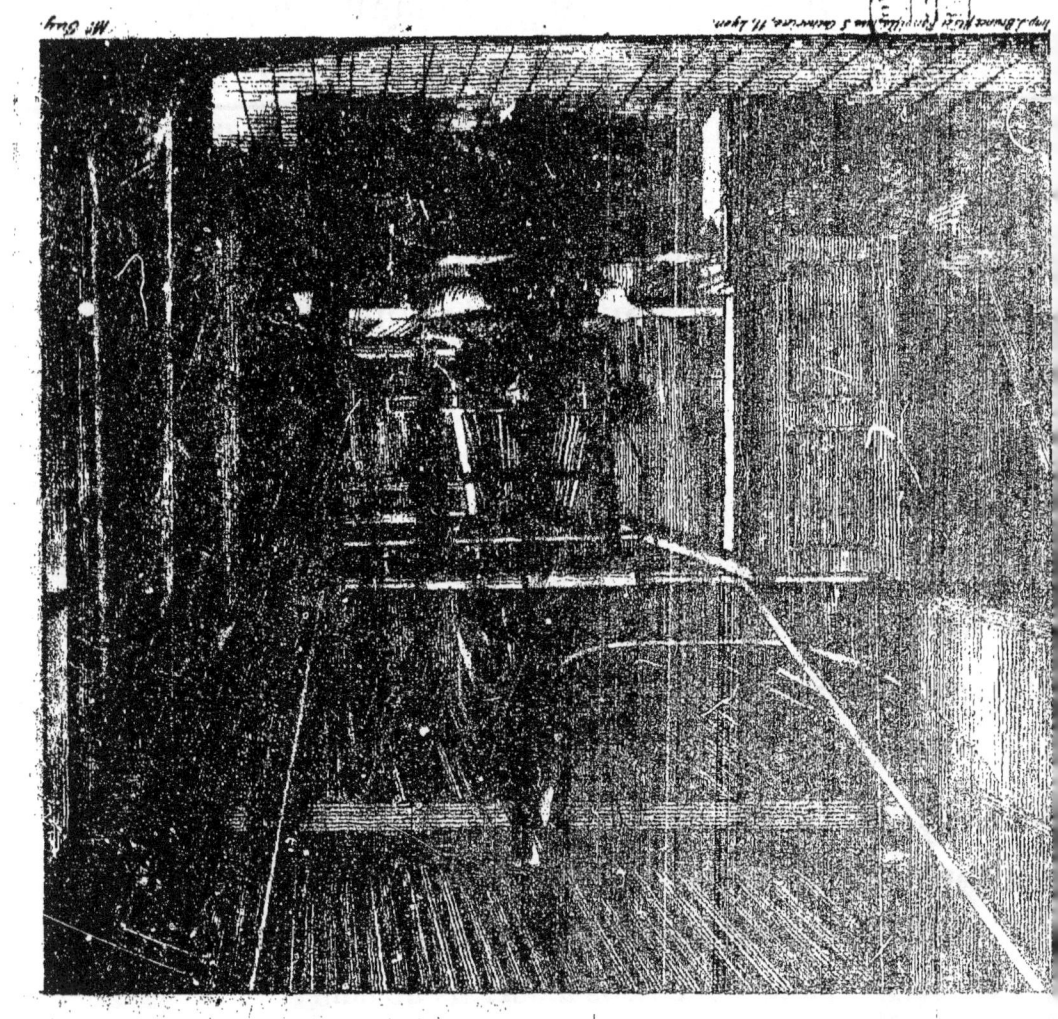

MÉTIER DE TISSAGE A LA JACQUARD.

des oiseaux et des fruits; en 1779 elle commence à moirer le gros-de-Tours; en 1780 elle fabrique des damas. Le nombre de ses métiers s'élève à quinze mille.

1787 voit encore geler les mûriers; les ouvriers privés de toute ressource sont obligés de recourir à la pitié publique. Le nombre des métiers n'est plus que de sept mille cinq cents.

La question des salaires tant de fois débattue, à laquelle on ne donne jamais qu'une solution momentanée, toujours reniée plus tard, amena en 1786 la grève appelée *la grève des deux sous*. Un impôt que l'archevêque de Lyon prétendait avoir le droit de prélever sur les vins vendus dans cette ville, mais qu'il avait négligé de percevoir depuis quelque temps, et qui était appelé *le Banvin*, ayant été réclamé et levé, malgré l'opposition des marchands en gros et des cabaretiers, nonobstant les représentations du consulat, les ouvriers tisseurs, les chapeliers et approprieurs, dont la dépense ordinaire se trouvait ainsi augmentée, réclamèrent, les uns une augmentation du prix des façons, les autres la fixation du prix de la journée et des heures de travail; des marchands de vins en gros et des cabaretiers fermèrent leurs entrepôts et leurs débits, les ouvriers quittèrent les ateliers et tous se retirèrent aux Charpennes, après avoir désarmé les arquebusiers de la garde du consulat et un détachement de la milice.

L'augmentation fut accordée : deux sous par aune pour les taffetas $^{7}/_{12}$ et en proportion pour les autres étoffes; le prix de la journée de douze heures fut réglé à quarante sous pour les chapeliers et approprieurs, et il fut enjoint aux ouvriers de rentrer dans leurs ateliers, ce qu'ils firent. Cependant des groupes formés dans la soirée sur la place des Terreaux, malgré un arrêté contre les rassemblemens, furent dispersés à coups de fusil. Plusieurs personnes furent tuées et plusieurs blessées.

Trois malheureux ouvriers qui s'étaient attardés aux Charpennes se présentèrent au pont Morand et voulurent le traverser sans payer; ils furent arrêtés et conduits à l'Hôtel-de-Ville. C'était le 10 août, le lendemain ils furent transférés à la prison de Roanne, le 12 ils furent mis en jugement, condamnés à mort et exécutés le jour même.

Quel régime que celui qui permettait de tels actes!

# IV.

Lyon en 1789. — Lyon sous la République, sous l'Empire, sous la Restauration, sous le Gouvernement de Juillet, sous la nouvelle République. — L'industrie à ces diverses époques. — Commerce lyonnais actuel. — Population. — Instruction publique.

La révolution de 1789 fut accueillie à Lyon avec transport par les classes ouvrières qui souffraient, par une portion de la bourgeoisie dans laquelle avaient germé les idées d'émancipation, d'égalité, par tous ceux qui étaient attachés aux principes de l'école philosophique. Elle y fut même devancée dans des circonstances trop remarquables pour n'être pas rapportées et qui feront connaitre l'esprit du temps.

Les Etats-Généraux venaient d'être convoqués, l'assemblée des trois ordres de la sénéchaussée de Lyon se réunit aux Cordeliers pour élire les députés. M. Deschamps, qui appartenait à la noblesse, monta dans la chaire et déclara, au nom de la noblesse lyonnaise, qu'elle renonçait à tout privilége, à toute exemption, sous le rapport des charges et des impôts. Après lui, le curé de Saint-Genis-l'Argentière monta dans la même chaire, et demanda, qu'attendu les besoins du pays, l'Etat s'emparât des biens du clergé. De cette déclaration du noble, de cette proposition du prêtre, il n'y avait pas loin à la nuit fameuse du 4 août.

Dans la deuxième séance, les députés furent proclamés, et leurs cahiers leur furent remis par leurs électeurs. Le cahier du tiers-état de Lyon est un des plus remarquables parmi les cahiers émanant de toutes les provinces. Presque toutes les grandes mesures qui furent prises plus tard par l'Assemblée nationale, et qui formèrent la Constitution, y sont réclamées, indiquées avec une netteté extraordinaire, tant sous le rapport politique que sous le rapport commercial. Les droits imprescriptibles du peuple y sont tout d'abord posés en principe ; il demande un code national, un code de commerce, un code de lois agraires encourageant l'agriculture, veillant à l'éducation dans les campagnes; détruisant les abus de la chasse, prohibant toute servitude rurale. Il veut l'abolition des droits féodaux, sans indemnité; l'égalité des peines pour les coupables de crimes et de délits, sans distinction entre les personnes. Il émet, enfin, sur l'église, le commerce, l'agriculture, le domaine, les finances, l'assiette de l'impôt, la police générale, des idées, des propositions, élucidées par la discussion, qui devaient être appliquées plus tard, mais qui alors étaient complétement neuves dans l'organisation sociale de la France.

La majorité du Lyonnais accueillit donc avec enthousiasme les promesses d'une réforme, d'une révolution qui devait régénérer la France. Mais il y avait à Lyon, comme partout, des royalistes, des privilégiés, que le nouvel ordre de choses froissa profondément, car nul progrès ne s'obtient sans léser les intérêts de ceux qui vivent ou profitent des abus.

La révolution trouva à Lyon des adhésions ardentes, exaltées, des inimitiés implacables. La nouvelle et la vieille société se trouvaient en lutte sur un espace restreint. Aux manifestations populaires, constitutionnelles, faites sous les auspices du gouvernement, les royalistes répondaient par des conspirations qui ne s'arrêtèrent pas un jour. C'est ainsi qu'eut lieu, dès l'année 1790, une tentative dirigée ostensiblement par les sieurs Régny, Boscary et Guillin de Pougelon, agens subalternes des princes et de la cour, et qui avait pour but de faire de Lyon le centre d'une contre-révolution royaliste. La tentative échoua, mais les royalistes ne cessèrent pas leurs menées; leurs comités fonctionnèrent constamment, accueillirent les émissaires des princes émigrés, ceux de l'étranger qui d'abord conspirait sourdement, plus tard faisait la guerre à la France, cernait toutes nos frontières et eût envahi la patrie sans l'énergie de nos armées. Ces comités rallièrent tous les élémens d'opposition au gouvernement constitutionnel d'abord, ensuite au gouvernement républicain, et l'émeute du 29 mai 1793, faite au cri de *Vive la République*, triompha au profit des royalistes.

La victoire remportée par les sections devait rapidement conduire la malheureuse ville de Lyon à la révolte ouverte contre le gouvernement, sous l'inspiration fatale des agens royalistes. La Vendée, Toulon, Lyon pouvaient former à l'Ouest, au centre et au Midi trois points importants de résistance; les décrets de la Convention furent méconnus et Lyon fut entraînée à une lutte terrible. Elle eut à soutenir un siége meurtrier dans lequel elle succomba. Une foule d'agens royalistes était accourue, ils portaient la cocarde blanche et la fleur de lis, mais l'immense majorité des Lyonnais, tout en se battant contre la République, se montrait attachée à elle et conservait publiquement ses emblêmes et ses couleurs. Beaucoup étaient dupes des intentions de leurs chefs.

Après la victoire, pourquoi une parole de clémence n'est-elle pas tombée des lèvres de ceux qui gouvernaient alors la France?

La punition fut affreuse ; la réaction fut terrible. On avait tué au nom de la loi, on assassina au nom de la vengeance, après le 9 thermidor.

La misère ne fut pas moins terrible que le siége, et le nombre des métiers fut réduit à trois mille.

Durant la période qui suit, jusqu'en 1815, Lyon a des époques de prospérité extraordinaires, mêlées de crises cruelles. L'industrie suit les variations de la politique. La moyenne des métiers qui travaillent durant cet espace de vingt ans, est de onze mille.

C'est vers le commencement de l'empire que Jacquard commence l'application d'une mécanique qui change les conditions du travail pour un grand nombre d'articles de soierie. Ce travail devient moins pénible, plus rapide, plus fructueux; mais cette mécanique ne restera pas long-temps la propriété exclusive de la fabrique lyonnaise, la France tout entière, puis l'Europe industrielle l'adopteront. Et pourtant, misère humaine! Jacquard ne recueillit long-temps que dédains et persécutions.

Lyon eut, comme toute la France, la douleur d'une double invasion; un combat livré aux Autrichiens, le 20 mars 1814, sur les hauteurs de Limonest, par le général Augereau qui trahissait la cause de la patrie, n'arrêta pas l'ennemi. Ce n'était pas assez de la cruelle nécessité où le peuple lyonnais se trouva de se soumettre au vainqueur, les royalistes qui, durant tout l'empire, n'avaient pas cessé de conspirer, et dont le comité existait encore, lui imposèrent une autre humiliation. Ils entrainèrent les autorités lyonnaises à porter au général Autrichien, Bubna, des clés d'or sur un plateau d'argent. C'étaient les clés de la ville de Lyon. Elles sont aujourd'hui au musée de Vienne.

L'année 1817 vit relever à Lyon l'échafaud politique, au nom de la royauté, pour punir une conspiration fantastique.

Cependant la paix générale, la suppression d'une partie des armées ouvrent toutes les mers et dirigent vers l'industrie des forces immenses employées jusques là, pour le malheur de l'humanité, aux luttes sanglantes d'une guerre européenne. La fabrique de Lyon devait gagner beaucoup de développement à cette situation ; mais ce n'est pas pour la France seulement que le monde s'ouvre, la fabrique lyonnaise n'aura pas le monopole des marchés nouveaux, elle trouvera l'Europe tout entière, sur toutes les mers, sur tous les continens. C'est une autre lutte qui a commencé, qui se développe, qui a ses succès, qui a ses victimes ; elle ne s'appelle plus la guerre, elle s'appelle la concurrence. Elle sera aussi terrible que sa devancière ; elle ne se fait pas seulement au dehors, de puissance à puissance ; comme la guerre civile, elle gagne l'intérieur, elle s'exerce de fabricant à fabricant, elle amène la réduction de la main d'œuvre, elle ne permet pas aux ouvriers qui tissent les petites étoffes, les étoffes vendues à bon marché, de subvenir à leurs besoins, même en travaillant seize à dix-sept heures par jour.

De 1815 à 1830, la population qui s'accroît partout augmente la consommation et par conséquent la production de la fabrique lyonnaise. En 1815, Lyon compte vingt mille métiers, en 1823 vingt-quatre mille, en 1825 vingt-sept mille, en 1835 vingt-cinq mille à Lyon et six mille dans le département.

Un fait nouveau s'est produit, les ouvriers sans travail, frappés par le chômage, livrés à une misère profonde, ont levé en 1831 l'étendard de l'insurrection; ils ont écrit sur leur drapeau : *Vivre en travaillant, ou mourir en combattant;* et quand le calme est revenu, l'émigration des métiers hors de la ville, qui était déjà commencée, continue sur une plus grande échelle; les ouvriers vont en grand nombre établir leurs métiers dans les campagnes, où le loyer est moins cher, où les objets de consommation sont d'un prix moins élevé, parce qu'ils n'ont pas à supporter les droits d'entrée et d'octroi, qui frappent le vin et la viande. Une question industrielle avait amené l'insurrection de 1831, une question politique en fit éclater une autre en 1834; les républicains furent vaincus.

Dans cette période, deux crises qui éclatent dans l'Amérique du Nord ont un fatal retentissement dans la fabrique lyonnaise qui compte les Etats-Unis parmi ses principaux débouchés. La dernière, qui eut lieu en 1837, fut terrible à Lyon : quinze mille métiers manquèrent d'ouvrage; trente-cinq mille personnes furent inscrites sur les registres des bureaux de bienfaisance qui ne donnent, hélas! que des secours insuffisans.

Durant les dix dernières années qui viennent de s'écouler, plusieurs crises ont frappé le travail, mais ce dont les ouvriers ont le plus souffert, c'est la réduction dans le prix des façons descendu extrêmement bas.

Les commotions politiques n'ont pas toujours sur le travail de la fabrique lyonnaise l'influence qu'on leur suppose, ainsi, les six derniers mois de 1848 ont été l'époque la plus prospère qu'elle ait jamais eue; la prospérité s'est continuée en 1849, malgré une sanglante collision d'un jour, et durant les six premiers mois de 1850, mais depuis, une affreuse détresse a frappé les ouvriers; plus de vingt mille métiers ont cessé de travailler. La Croix-Rousse seule, qui comptait treize mille sept cents métiers, en avait au mois d'avril 1851 onze mille sept cents sans ouvrage, mille à qui il en était promis, mille seulement qui travaillaient. A Lyon, plus de seize mille personnes étaient inscrites sur les registres du bureau de bienfaisance en mai 1851.

Ainsi, l'industrie qui produit de magnifiques étoffes, qui tisse le velours, le satin, le taffetas, la moire, la gaze, qui marie à la soie l'or et l'argent, qui livre à la consommation intérieure pour environ cent quarante millions de francs de soieries, à l'exportation pour une somme presque égale, qui emploie des soies de France pour une valeur d'environ cent trente-cinq millions de francs, et des soies étrangères pour environ soixante millions de francs, cette industrie splendide ne permet pas à l'ouvrier de faire des économies pour les jours de chômage, de se créer des ressources pour sa vieillesse. Ces derniers chiffres, relatifs aux soies de France et aux soies de l'étranger, ne s'appliquent pas seulement à la fabrique lyonnaise, mais à toute la fabrique française.

La passementerie, la dorure, la guimperie, sont des branches de l'industrie des soieries. A Lyon, ainsi qu'à Paris et à Bordeaux, se fait le tirage d'or. L'or, tiré pour faire le trait, est employé par les bouillonneurs, enjoliveurs, guimpiers, dentelliers. La passementerie lyonnaise fait des gazes chaîne soie, trame or ou argent, les galons, etc. Des ateliers lyonnais sortent des costumes de théâtre, des ornemens d'église, des étoffes et des meubles brodés en or relevé, pour l'orient.

La mécanique de Jacquard a été appliquée à la passementerie vers 1815.

Lyon n'est pas seulement une fabrique de soieries, elle compte encore de nombreuses et importantes industries. Parmi celles qui emploient le plus grand nombre d'ouvriers, est la teinture, qui jouit d'une réputation européenne et justement méritée. Cette industrie est plus ancienne à Lyon que la fabrication des soieries; long-temps avant que celle-ci y fût introduite, on teignait à Lyon, avec beaucoup de succès, la laine et le fil. Ce furent des Génois qui, les premiers, y apportèrent les procédé du décreusage, et commencèrent à y teindre des soies, au quinzième siècle.

Depuis ce temps, on ne s'est pas borné à teindre à Lyon des soies pour la fabrique lyonnaise, mais on a expédié à l'étranger des soies teintes à Lyon. A diverses reprises et de nos jours encore, tout récemment, des fabricans qui ne sont pas versés dans les questions d'économie politique ont demandé que la sortie des soies teintes fût prohibée; ils n'ont pas compris qu'après les progrès faits par la chimie, on pouvait établir partout des ateliers de teinture, et qu'empêcher l'exportation des soies teintes, c'était nuire à cette industrie, sans obtenir aucun avantage pour notre fabrique.

La chapellerie est une des plus anciennes

industries de Lyon; cette ville a long-temps exercé le monopole de cette industrie, et sa fabrication s'élevait à dix mille chapeaux par jour; elle fournissait l'Europe et l'Amérique. Depuis, des fabriques ont été créées partout, et Lyon ne fait plus que quatre cent à quatre cent cinquante mille chapeaux par an. Lyon fait encore les plus beaux chapeaux de soie. Elle compte vingt grandes et environ cent petites manufactures de chapeaux.

L'orfèvrerie, la bijouterie, la dorure, la bijouterie fausse, le frappage des médailles de dévotion, ont à Lyon de nombreux ateliers. L'orfèvrerie fabrique des couverts, des réchauds, des cassolettes, des ostensoirs, des chaines d'argent, des encensoirs. La bijouterie ne confectionne que des objets d'or massif, clés, cachets, alliances, chevalières, etc. Ces deux industries expédient leurs produits à l'extérieur, en Espagne, en Italie, en Piémont, en Savoie, et à l'intérieur dans les départements du Midi. La bijouterie fausse, qui produit beaucoup, envoie aux Indes, aux États-Unis, en Égypte et en Espagne. Les produits annuels de ces diverses branches d'industrie sont évalués en temps normal à une moyenne de douze millions de francs.

La préparation et la vente des cuirs et des peaux est encore une branche intéressante de l'industrie et du commerce lyonnais. La Suisse, l'Alsace, la Franche-Comté, la Bourgogne, le Midi et l'abattoir de Lyon sont les sources où puisent les tanneurs, hongroyeurs, corroyeurs et mégissiers.

La bière de Lyon jouit d'une réputation méritée; elle s'y fabrique sur une assez vaste échelle et s'expédie dans tous les départements voisins, dans le midi de la France et en Algérie.

Les liqueurs de Lyon ne sont pas moins renommées que sa bière.

Lyon compte de nombreux établissemens de produits chimiques, de vernis de toutes sortes, mais spécialement de vernis à l'esprit de vin, qui ne se fabrique que dans cette ville. Depuis quelques années, des savonneries s'y sont établies et prospèrent.

Le travail pour l'établissement des machines à vapeur, des chaudières, des objets nécessaires aux filatures, des fourneaux, des instrumens aratoires, a pris à Lyon un immense développement depuis quelques années. La fonderie de fonte y est arrivée à une rare perfection.

Lyon a des fabriques de papiers peints très estimés et une cristallerie située à la Guillotière, qui donne de beaux produits.

Lyon est essentiellement un ville de transit. Le Rhône, qui reçoit du canal de Beaucaire les transports de la Garonne, des canaux du Languedoc, des Etangs, de Mauguio, de la Redelle, d'Aigues-Mortes; la Saône, qui communique avec Strasbourg et Bâle par le canal du Rhône au Rhin, avec Paris par les canaux de Bourgogne, du Centre, du Nivernais, de Briare, de Loing, par l'Yonne, la Loire, la Seine; les deux routes de Paris, celle de Bordeaux et de l'Auvergne, celle de Marseille, celle de Strasbourg, Besançon, Genève et la Suisse, celle de Grenoble, le Piémont et l'Italie; le chemin de fer de Saint-

Etienne par Givors et Rive-de-Gier, y versent et emportent chaque jour d'immenses quantités de marchandises qui s'éparpillent sur tous les marchés de l'Europe.

L'industrie des transports a pris naturellement une très grande importance dans ce vaste entrepôt; aussi compte-t-on à Lyon de nombreuses maisons de roulage.

Les transports par la vapeur y sont établis sur une vaste échelle par le Rhône et la Saône, et Lyon réunit dans ses ports une véritable flotte industrielle de navires à vapeur, qui transportent les voyageurs et les marchandises.

L'agglomération lyonnaise se compose de quatre villes qui se touchent et se confondent, dont les intérêts sont les mêmes, la vie identique. La seule différence qui existe entre elles est le taux des taxes, entrée, octroi, patente, etc. Toujours et partout la même sottise. Lyon a cent soixante mille âmes, la Guillotière trente-quatre mille, la Croix-Rousse vingt mille, Vaise huit mille; ce qui forme un total de deux cent vingt-deux mille, sans compter la garnison et la population flottante. Il résulte de la singularité de nos lois, que les habitans des misérables et insalubres maisons de Saint-Georges et de Saint-Paul sont soumis à des taxes plus élevées que ceux des splendides maisons des Brotteaux, commune de la Guillotière, qui touchent au centre du plus riche quartier de Lyon.

L'ancienne ville romaine, qui fait partie de la commune de Lyon, est en dehors du rayon de l'octroi. Le gouvernement de juillet en avait englobé la partie la plus peuplée, Saint-Irénée et Trion; la République l'a affranchie en rapprochant les barrières.

Lyon est placée par 2° 9' de longitude E. 45° 46' de latitude N.

Lyon est une des villes où a été le plus favorisée l'instruction, cette mère des progrès pacifiques, cette grande civilisatrice qui adoucit les mœurs et prépare la fusion des différentes classes de la société. L'enseignement mutuel commençait à se répandre lorsque quelques citoyens du parti libéral voulurent créer en 1816, en dehors de l'autorité, une école gratuite de ce genre, afin de donner aux enfans du peuple une direction libérale. Une souscription fut ouverte et une école créée. Après quelques années de brillans succès, les fonds manquaient, grâces aux tracasseries de l'autorité, et l'école allait périr, lorsque M. Berna vint la soutenir de ses deniers. En 1828, une seconde souscription fut annoncée, le parti libéral répondit à l'appel, une société d'enseignement élémentaire fut constituée, de nouvelles écoles s'ouvrirent. La conquête s'est étendue depuis, et des progrès réels peuvent être constatés dans l'instruction des enfans du peuple.

Les administrations municipales qui se sont succédé semblent n'avoir obéi qu'à regret au mouvement régénérateur qui se produisait alors avec beaucoup de vivacité; elles ont accordé toujours une protection spéciale aux écoles des frères de *la doctrine chrétienne*, et aujourd'hui encore l'allocation donnée à celles-ci dans le budget municipal est double de celle qui est affectée aux autres écoles primaires laïques.

Depuis quelques années une école de chant a été créée ; fort bien dirigée par M. Maniquet, elle ne reçoit malheureusement pas tous les encouragemens qu'elle mérite.

Aux écoles mutuelles sont joints une école supérieure pour les garçons, sous la direction de M. Laforgue, un cours normal pour les institutrices, dirigé par M$^{lles}$ Bollud et Moriau. Tous les savans étrangers qui ont visité ces établissemens et interrogé les élèves, ont rendu témoignage de la vive satisfaction que leur ont fait éprouver et les excellentes méthodes de ces trois professeurs d'un vrai mérite et l'instruction solide des élèves qu'ils ont interrogés.

Une école qui est tout à la fois la gloire de Lyon et la pépinière où se recrutent les dessinateurs de la fabrique lyonnaise, est l'école des Beaux-Arts, au Palais-des-Arts, fondée en 1805. Là, se forment ces jeunes gens dont le goût donne à nos manufactures de soieries la supériorité dont elles jouissent sur tous les marchés du monde, dont les dessins sont copiés par toutes les fabriques étrangères.

De cette école sont sortis tous les peintres qui ont brillé et brillent encore à Lyon.

Elle est dirigée par M. Bonnefond; elle a pour professeurs MM. Genod, Thierriat, Tuffet, Chenavard. Elle a perdu, il y a peu de temps, M. Blanchard, portraitiste d'un remarquable talent.

A cette école est annexée une classe de gravure dirigée par M. Vibert, homme d'étude et de science, et qui a fait d'excellens élèves.

M. Vibert, le graveur, n'est pas l'auteur des beaux portraits au crayon que l'on admire depuis quelques années à toutes les expositions lyonnaises. Ces portraits sont dus à M. Vibert, dessinateur de fabrique, ancien élève de l'école. Ce nom-là porte bonheur.

Dans cette école a été long-temps professeur un peintre de fleurs et de fruits, un des plus beaux talens de notre époque, M. Berjon, mort depuis quelques années dans un âge très avancé, aussi vigoureux d'intelligence que dans ses beaux jours.

Berjon a conservé jusques à ses derniers momens les opinions politiques de sa jeunesse. Sous la restauration, l'administration le priva de sa place, dans la persuasion sans doute que le talent ne pouvait pas s'allier aux idées républicaines. Il s'en est vengé en devenant un artiste qu'il sera donné à peu d'hommes d'égaler.

Sa parole était vive, sa causerie attachante, instructive. Nous avons vu long-temps dans son atelier les deux délicieuses petites toiles qui reproduisent des raisins blancs, et qui ont été exposées après sa mort; plusieurs fois des oiseaux qui couraient libres sur ses chevalets et ses mannequins sont allés becqueter ces fruits; Berjon riait et disait gaiement: *Ce sont mes courtisans, mes petits flatteurs.*

A quatre-vingts ans, Berjon se mit à étudier la gravure et réussit.

Une autre institution d'enseignement appelle les enfans du peuple, c'est l'école de la Martinière, dont les élèves, devenus ouvriers, appliqueront aux travaux manuels la science acquise dans les classes de dessin, de mécanique, de chimie, de physique, de mathématiques. Ce qui manque partout, chez toutes les nations, aux ouvriers que leurs parens peu fortunés mettent de bonne heure en apprentissage, c'est la science des forces naturelles, de la combinaison des divers élémens qui les produisent. Si on savait par combien de travail ils rachètent ce manque d'instruction! Que de combinaisons sans fin ils imaginent pour arriver à des résultats qui seraient promptement obtenus si ces hommes vraiment ingénieux, pleins d'ardeur, d'émulation, avaient reçu les premières notions du savoir !

Le génie est chez eux comme l'électricité à l'état latent; que l'étincelle l'anime, elle remue le monde.

La faculté des sciences, la faculté des lettres, supprimées en 1815, rétablies en 1833, sèment dans les diverses classes de la population des enseignemens divers. Leurs cours sont publics.

Une école de médecine et de pharmacie a été créée depuis quelques années.

Le Lycée de Lyon jouit d'une haute réputation justement méritée.

Le peuple lyonnais est vif, enjoué, intelligent, quelque peu goguenard; il aime à donner des sobriquets, sa parole est imagée. Il appellera un borgne *dort-d'un-œil*, un homme marqué de la petite vérole *mal-uni*, un paresseux *côtes-en-long*, un frippon *ficelle*, un niais *grand-bedeau*, un mou *jambes-lasses*, un buveur *mange-vin*; son terme de souverain mépris ou de dédain est celui de *crapaud*.

Il est des hommes du peuple qui ont toujours la métaphore à la bouche, et dont la conversation est fort originale, fort pittoresque. Ils lisent beaucoup, suivent la politique et discutent avec un sens très droit de graves questions économiques. Parmi eux, beaucoup sont poètes et font de jolies chansons qui égaient les réunions du dimanche.

Ce peuple a un vocabulaire à lui. Descendre ou remonter un bateau chargé dans la traversée de Lyon, c'est *faire une mode*, d'où est venu le nom de *modères*. Battre un orateur à la tribune dans une discussion, c'est le *coller sous bande*. Demander l'aumône, c'est *tendre la demi-aune*, ou bien *demander, madame, votre chien mord-il ?* Courir ou marcher plus vite qu'un autre, c'est lui *donner du poivre*. Le pain s'appelle la *pierre à aiguiser* ou la *vie des saints*. Pocher les yeux d'un homme, c'est lui *pocher les quinquets* ou lui *crever les châssis*. Cela n'est pas toujours avoué par l'Académie, mais c'est souvent très expressif.

## V.

Points de vue. — Sites pittoresques.

C'est du commencement de mai à la fin de septembre que l'artiste, le poète, le touriste doivent visiter Lyon, car elle a cinq mois de beaux jours, de nuits admirables, de soleil, de chaleur, de lumière et de splendeur. Alors, si vous arrivez dans cette ville par la route qui dessert à la fois Strasbourg, Besançon, Genève, la Savoie et, dans un rayon plus rapproché, la Bresse et le pittoresque Bugey, vous verrez, des hauteurs de la Pape, se dérouler à vos pieds un des plus riches tableaux qu'il vous soit donné d'admirer. Le

Rhône, large et majestueux, faisant de longs contours, enveloppant des îles nombreuses, coule à votre gauche, à une grande profondeur; au-delà du fleuve, la vaste plaine du Dauphiné, semée de villages, de maisons de campagne, de fermes, vous apparait comme une immense ville, coupée de jardins et de promenades; on sent tout ensemble la richesse et la grâce.

Les Alpes, avec leurs sommets blanchis de neiges éternelles, forment les derniers plans du tableau, et si, par bonheur, souffle le vent du Midi, vous voyez dans toute sa beauté se dresser le géant, le roi des montagnes, le Mont-Blanc qui vous apparait avec tant de netteté, que vous pouvez compter les échancrures des pics qui l'environnent et distinguer les grandes inflexions de terrain.

La ville apparait en face de vous avec ses deux faubourgs, de Bresse et de Saint-Clair, qui font suite l'un à l'autre, la belle promenade du cours d'Herbouville, son Rhône alors encaissé et le quai Saint-Clair, dont les magnifiques édifices donnent une haute idée de la cité. Si les Alpes bornent l'horizon à votre gauche, en face de vous il est terminé par les degrés du Mont-Pilat ; à droite, la vue est arrêtée brusquement par la falaise qui surplombe le Rhône et dans laquelle a été ouverte la route que vous suivez.

Le premier pont que vous apercevez, avec ses colonnes de style égyptien, est le pont Saint-Clair ; c'est un pont suspendu, dont les deux travées sont jetées hardiment sur le fleuve ; le second est le pont Morand, qui unit le quartier des Terreaux ou de l'Hôtel-de-Ville aux Brotteaux de la Guillotière.

En suivant cette route, qui marche parallèle au Rhône depuis Miribel jusqu'à Lyon, vous avez cotoyé sans vous en douter un monument des siècles passés qui n'a rien de fastueux, caché sous la terre des balmes, couvert d'herbes et d'arbustes, brisé en beaucoup d'endroits par les propriétaires qui en arrachent les pierres, qui en détachent le vieux ciment. C'est un souterrain à deux voies, parfaitement construit en moellon ordinaire, qui part de Miribel et vient aboutir à Lyon. On croit en avoir trouvé une des extrémités dans le maison qui fait l'angle de la rue Puits-Gaillot et de la rue du Griffon. Il est percé de distance en distance, de fenêtres barreaudées, destinées à y introduire l'air, et défendu par des constructions qui furent autrefois des tours carrées.

Ce souterrain s'étend sur une longueur de treize kilomètres; il est voûté et assez haut pour qu'un homme y puisse marcher debout, fort à l'aise.

Les auteurs qui ont constaté l'existence de cette double voie souterraine ne sont pas d'accord sur son usage; quelques-uns ont cru que c'était un canal de dérivation amenant à Lyon des eaux potables qui se filtraient naturellement; ils ont pensé que la double voie servait alternativement, de manière à permettre le nettoiement, lorsque l'une d'elles était encombrée, sans interrompre le service. Cette opinion s'appuie sur ce fait que ce souterrain a son ouverture à Miribel, dans le lit même du Rhône, et que de là jusqu'à Lyon il suit une pente régulière, bien moins inclinée que celle du fleuve au-dessus duquel il s'élève constamment, ainsi qu'il est facile de le constater.

D'autres écrivains, et parmi eux, notre ami, M. Alexandre Flachéron, enlevé trop jeune à la science et aux arts, et avec lequel nous avons exploré ce souterrain, est resté persuadé, après de nombreuses recherches, que c'était un double chemin couvert destiné à relier les fortifications de Lyon et de Miribel et à servir de passage aux soldats qui qui allaient d'un point à l'autre, cette dernière ville défendant les approches de Lyon, soit par le plateau de la Bresse, soit par le Rhône; l'existence des tours de distance en distance, qui lui paraissaient destinées à protéger le chemin contre toute attaque, ne lui laissait aucun doute à cet égard. Nous ne saurions nous prononcer.

L'époque de la construction de ce souterrain est ignorée; les riverains du Rhône l'appellent la *Sarrasinnière*, ce qui en ferait remonter la date à l'occupation maure. Les Lyonnais ignorent généralement l'existence de ce monument; si vous voulez en voir quelques parcelles, vous les trouverez à quelques pas du four à chaux de Vassieux, au bord du Rhône, en remontant; un cabaretier, à gauche du sentier, y a établi sa cave. Plus loin, très près des bois du château de la Pape, en face d'une anfractuosité, les eaux qui descendent de la montagne durant les pluies en ont découvert la crête, et la pioche d'un démolisseur, ou les recherches d'un explorateur, en ont arraché quelques pierres de la voûte, il y a peu de mois.

Si vous venez d'Italie, du Midi de la France, du Dauphiné, et que vous entriez à Lyon par le pont de la Guillotière, vous aurez un tout autre spectacle; la cité se présente à vos regards sous un aspect monumental imposant. A votre droite s'étend le magnifique édifice de l'Hôtel-Dieu, avec son dôme élevé; le palais des douleurs, des souffrances physiques, auquel la charité privée a donné d'immenses domaines sur la rive opposée. En face se dresse la colline de Fourvières toute verdoyante, qui n'a plus son joli petit clocher pointu, mais deux pâtés de pierre à son sommet.

A votre gauche de magnifiques maisons, puis l'hospice des enfants trouvés et des vieillards pauvres, ces autres enfants qui ont donné toute leur vie au travail sans trouver dans de rudes labeurs de quoi soutenir leurs vieux jours; plus loin l'hôpital militaire, bâti pour une douane, devenu caserne, puis hôpital. En avant de ces monumens, une verte promenade; sur le Rhône, au-dessous de vous, toute une flotte de bateaux à vapeur, constructions magnifiques qui n'ont encore d'égales dans aucun pays du monde.

Mais vous auriez oublié une des grandes beautés de Lyon, si vous ne reveniez pas, le soir, traverser de nouveau ce pont de la Guillotière. Tout a changé d'aspect. Une ligne de feu, ressemblant à une illumination serrée, s'étend à votre gauche sur une longueur de quatre kilomètres; rien de plus original, de plus splendide. A votre droite, encore des feux, non plus alignés, mais suivant les inflexions du Rhône et l'enveloppant en se mariant aux feux qui illuminent les ponts ; un palais de fées.

Si, au contraire, vous arrivez à Lyon par le pont de la Mulatière, au confluent des deux fleuves, il vous est impossible de vous défendre d'un mouvement de surprise et d'exaltation. Deux fleuves sont à vos pieds, qui s'unissent en marchant dans le même sens. Lorsqu'un fleuve se jette dans un autre en descendant perpendiculairement sur lui, ce spectacle n'a pas cette grandeur. Ici, ils ne se précipitent pas, ils se joignent, ils ont été séparés par de hautes montagnes, puis par des collines qui se sont abaissées graduellement jusqu'au cœur de Lyon. La Saône a passé dans une gorge de granit sur le versant occidental, le Rhône a suivi les contours de la même colline sur le versant opposé ; la ville, qui les sépare seule maintenant, va finir en pointe d'aiguille, et les deux fleuves marchent côte à côte dans le même lit qui s'est élargi, ne confondant leurs eaux qu'après les premières sinuosités de leur cours.

Vous embrassez de ce point un horizon

immense, le Rhône, les bois de sa rive gauche, une ligne de quais de quatre kilomètres, les obélisques de l'un des ponts Napoléon, le pont de la Guillotière, les hauteurs orientales du plateau de la Croix-Rousse, la le Saône, chemin des Etroits si coquet, si gracieux, l'admirable coteau de Sainte-Foy, couvert de fleurs, de pampres, d'arbres séculaires, semé d'habitations qui ressemblent à des palais, coupé de fontaines qui viennent s'épancher sur la route.

Ailleurs, vous aviez le grandiose; ici, vous avez la grâce et la beauté suave.

En remontant par la rive gauche de la Saône, vous verrez toutes les découpures de ce délicieux coteau, malheureusement couronné par une fortification entreprise un jour que le pouvoir ne savait où dépenser l'argent de la France, qui a tant de grandes choses à faire et qui en fait si peu.

En suivant, au contraire, la rive droite, vous aurez les douces senteurs des fleurs et des arbustes du coteau, la grande ombre des arbres suspendus sur ses flancs, ici abruptes, là doucement inclinés, la fraîcheur de ses eaux qui descendent en mille petits filets. Vous verrez la grotte charmante où J.-J. Rousseau, dans sa jeunesse, a passé une nuit, souvenir auquel il a consacré une page de ses *Confessions*. Mais vous ne pourrez plus y monter que difficilement, le terrain a été coupé à pic; l'eau qui descendait de la grotte à travers la mousse et les fleurs s'en va tristement dans un chenal. La civilisation est bien intelligente, mais elle est parfois bien mal gracieuse.

A l'extrémité de ce chemin des Etroits, un peu avant d'arriver à l'un des ponts Napoléon, s'élève une maison dont la porte d'entrée est précédée d'un perron; la façade, l'escalier intérieur, les croisées romanes, de vastes souterrains, témoignent d'une splendeur qui n'est plus; aujourd'hui, une tannerie y est établie. C'est au sud de cette maison, sur l'emplacement occupé par un jeu de boules dépendant d'un petit cabaret appuyé à cette maison, qu'en 1816, le malheureux général Mouton-Duvernet tomba sous les balles royalistes.

Ce ne sont pas là les seuls points de vue que vous puissiez admirer; la nature a été prodigue pour Lyon, elle l'a dotée mieux que nulle autre ville en France, en Europe peut-être; elle aura voulu faire compensation à la paresse de l'art qui s'est montré pour elle beaucoup moins généreux. Splendides, pittoresques ou gracieux, les aspects changent à chaque pas sur ses ponts et sur ses quais. Vue du milieu du pont Morand, par un beau soleil, cette ville vous étonne par l'imposant spectacle qu'elle vous offre; vue de la place d'Albon, en débouchant de la rue de l'Herberie, elle vous ravit, et il n'est pas un étranger, arrivant sur ce point, sans être prévenu de ce qu'il va voir, qui ne pousse un cri de joie et de bonheur.

Vous avez vu, de la Pape et des autres points, le Dauphiné, les Alpes, les hauteurs de la Croix-Rousse et de Fourvières, mais vous n'avez pas encore une idée du paysage lyonnais. Si vous aimez le paysage ombragé, arrosé d'eau vive, mais à l'horizon borné par les arbres, vous irez le dimanche faire des promenades à la Mouche, au-delà du fort de la Vitriolerie, au bois de la Tête-d'Or, puis dans les Brotteaux de Saint-Clair, et vous trouverez partout, sous de beaux ombrages, une foule rieuse, bienveillante, qui chante, joue, fait des rondes au son de quelque instrument, mais le plus souvent en s'accompagnant seulement de la voix. Sous ce rapport, les Brotteaux de Saint-Clair offrent le tableau le plus original que l'on puisse imaginer. Vous y arriverez en prenant l'omnibus vers le pont Morand sur la rive droite, et en longeant ensuite le Rhône pendant un quart-d'heure, ou, après être passé sur la rive gauche, vous traverserez le bois de la Tête-d'Or, le Grand-Camp, vous repasserez le Rhône dans le bac et en deux minutes vous serez au milieu d'un tableau flamand, moins l'ivresse et avec de plus beaux types. Le dîner sur l'herbe, le tête à tête dans la foule, les éclats de rire, la danse sous les grands peupliers d'Italie, rien n'y manque. Une colline ombragée, un étang, des bosquets touffus; et, pour aviver tout cela, un ruisseau qui s'appelle le Rhône, vous constituent le plus magnifique jardin anglais que vous ayez jamais rêvé.

Si vous aimez, au contraire, le paysage vaste, aéré, formé de grandes et majestueuses lignes, vous gravirez le coteau de Saint-Just, et, sortant par la porte crénelée et à pont-levis de ce nom, vous tournerez immédiatement à droite et continuerez votre ascension. Ne suivez pas la voie commune, elle est faite pour les myopes; montez sur ce tertre de gazon qui longe le rempart, votre œil passe par-dessus le mur de droite, et à chaque pas un admirable panorama s'agrandit et se déroule; allez toujours et montez cet escalier qui dessert la fortification; quand vous serez arrivé sur la plate-forme, le charme du spectacle vous y retiendra longtemps.

Vous reprendrez ensuite votre marche qui va cesser d'être fatigante, car en arrivant au télégraphe vous aurez atteint le point culminant. Mais ce n'est pas le télégraphe qui vous intéresse en ce moment; ce faubourg que vous voyez à votre gauche, au-dessus de vous, c'est Saint-Just, c'est Trion, c'est Saint-Irénée. C'est là qu'était, il y a dix-huit cents ans, la ville romaine qui s'appelle aujourd'hui Lyon. Ces pauvres maisons qui bordent les deux voies principales du faubourg reposent sur les ruines des monumens d'une splendeur éteinte; l'incendie et la guerre ont passé là; l'herbe a poussé sur les colonnes, le sol s'est élevé de ruine en ruine. Ces restes d'aqueducs que vous voyez là, que vous touchez de la main, ceux que vous apercevez enchâssés dans ce fort de construction toute récente, faisaient partie d'un vaste réseau lié à celui de Chaponost et de Baunan, qui est encore debout, et qui amenaient ici même les eaux du Mont-Pilat. Ce sol que vous foulez, que les ouvriers ont remué pour faire ce rempart et ces fortifications, il est plein de débris romains. Là, ont été trouvées des lampes, des urnes, des amphores, des monnaies romaines, des statuettes; dans cette gracieuse et profonde vallée de Gorge-de-Loup qui est à vos pieds, les dominateurs de la Gaule avaient élevé de superbes demeures que le feu a détruites; ce vaste cimetière de Loyasse tout paré d'arbres, de fleurs, de monumens, il a vu autrefois la joie, le bonheur, le sourire; il ne voit plus aujourd'hui que des larmes. Ce reste de construction romaine debout sur le chemin, à l'angle sud-est du cimetière, et que l'on prend pour un débris d'aqueduc, était tout simplement un four de potier en terre; là, où vous marchez, étaient sa fabrique et ses magasins, et ce mur qui enferme le cimetière a coupé en deux un fort beau canal dallé en larges briques rouges, carrées, qui conduisait les eaux vers le palais des Césars.

Après avoir jeté du petit plateau des *Quatre-Vents* un regard sur le magnifique tableau qui vous entoure, vous vous dirigerez vers l'observatoire de Fourvières et ensuite vers le pavillon Nicolas, montée Musique-des-Anges. Tout ce que vous avez vu jusqu'ici en détail, vous allez, du haut de l'observatoire, le trouver réuni dans un cadre immense dont il est impossible d'exprimer toutes les beautés, toute la splendeur. A l'orient les Alpes, à l'occident la chaîne d'Izeron, sur laquelle se détachent le Saint-Clair et le Pied-Froid, au sud le Pilat et les montagnes forésiennes, au nord, où l'horizon est plus borné, le Montoux et le Mont-Cindre; un cirque immense, fermé de tous côtés par des montagnes, sur les gradins duquel sont assis les villages, deux fleuves, dont l'un court avec rapidité, dont l'autre se promène au travers des campagnes d'une admirable fécondité, d'une richesse luxueuse. Vous dominez toute la ville, tout le plateau de la Croix-Rousse, sur lequel vous semblez pouvoir descendre d'une enjambée, bien que la Saône vous en sépare.

Le pavillon Nicolas dépendait autrefois de la propriété de Nicolas Delanges, sur laquelle s'élevait la maison *l'Angélique*, où se réunissaient les poètes et les écrivains lyonnais du seizième siècle, et particulièrement sous le règne de François I<sup>er</sup>. Louise Labé, vive et ardente poétesse de cette époque, et qu'on a surnommée *la belle Cordière*, faisait partie de ce cénacle de gens de goût et de savoir, ainsi que plusieurs autres dames lyonnaises, entre autres Catherine Vauzelles, Louise Sarrasin, Pernette du Guillet, Claudine Péronne, Jeanne Crest, Jeanne Gaillard, Claudine et Sibylle Scève, Jacqueline Stuart.

Vous ne trouverez plus l'asile où se réunissaient tant d'esprits élevés, l'honneur de leur époque, mais vous passerez, pour aller au pavillon, à travers une épaisse construction romaine dont la destination ne peut plus être exactement déterminée aujourd'hui. De la terrasse du pavillon, le tableau est moins vaste que du haut de l'observatoire, mais il est infiniment plus gracieux, plus coquet, les objets plus rapprochés sont plus accentués, leurs effets plus vigoureux.

Attendez là un coucher de soleil derrière les bois d'Izeron, alors que les ombres descendent peu à peu des montagnes, que les derniers rayons se projettent par les échancrures, que les vapeurs bleuâtres se répandent et s'emparent du terrain! Il y a un moment de beauté indéfinissable.

Vous avez vu le spectacle que donne généreusement la nature; quelques instans encore, que la nuit soit tout-à-fait venue, et vous aurez le tableau le plus pittoresque, le plus inattendu que puisse présenter la civilisation. La ville s'illumine tout-à-coup, de longues lignes de feu sillonnent les ponts, le gaz resplendit au dedans et au dehors des magasins du quai Saint-Antoine que vous dominez, et étale à vos regards une merveilleuse illumination.

Louise Labé et ses compagnes en poésie n'avaient pas de leur temps ce dernier tableau; elles avaient celui des fleuves, des belles campagnes, des magnifiques couchers de soleil; en faut-il plus pour éveiller l'inspiration? La Belle-Cordière a imprimé de son vivant trois élégies, un sonnet en italien, vingt-trois sonnets en français; il y a des vers d'une grande beauté. Elle a donné en prose le *Débat de folie et d'amour,* composition fort gracieuse.

Voici deux de ses sonnets, copiés sur l'excellente édition de 1824; rien n'y est changé;

seulement, pour la plus facile intelligence des lecteurs, on a donné aux V et aux J la forme actuelle.

Je vis, je meurs : je me brule et me noye.
J'ai chaut estreme en endurant froidure :
La vie m'est et trop molle et trop dure,
J'ai grans ennuis entremeslez de joye :

Tout à un coup je ris et je larmoye,
Et en plaisir maint grief tourment j'endure :
Mon bien s'en va, et à jamais il dure :
Tout en un coup je seiche et je verdoye.

Ainsi amour inconstamment me meine :
Et quand je pense avoir plus de douleur,
Sans y penser je me treuve hors de peine.

Puis quand je croy ma joye estre certeine,
Et estre en haut de mon desiré heur,
Il me remet en mon premier malheur.

———o0o———

Diane estant en lespesseur d'un bois,
Apres avoir mainte beste assenee,
Prenoit le frais, de Nynfes couronnee :
J'allois resvant comme fay maintefois,

Sans y penser : quand j'ouy une vois,
Qui m'apela, disant, Nynfe estonee,

Que ne t'es tu vers Diane tournee ?
Et me voyant sans arc et sans carquois,

Qu'as tu trouvé, o compagne, en ta voye,
Qui de ton arc et flesches ait fait proye ?
Je m'animay, respons je à un passant,

Et lui getay en vain toutes mes flesches
Et l'arc apres : mais lui les ramassant
Et les tirant me fit cent et cent bresches.

Les dames lyonnaises d'aujourd'hui ont l'imagination aussi vive, l'esprit aussi pétillant qu'au temps de Louise Labé; quelques-unes écrivent en vers avec beaucoup de facilité et de grâce, d'autres écrivent des mémoires, des romans, mais elles ne publient rien. Leurs maris, qui s'occupent de négoce, de fabrication d'étoffes, de spéculations commerciales, affectent un éloignement profond pour les femmes qui s'occupent de littérature et de poésie, et étouffent ainsi dans leur germe des talens réels.

## VI.

**Monumens anciens et modernes.**

Lyon brille par ses sites beaucoup plus que par ses monumens, toutefois un étranger ne saurait se dispenser de visiter les seconds après avoir admiré les premiers. Les principaux monumens et établissemens publics qui méritent de fixer l'attention sont les suivans :

L'Hôtel-de-Ville, qui date de deux siècles et qui a été fondé en 1647 par Simon Maupin ; le style en est sévère, l'intérieur remarquable ; il est à regretter qu'il soit resserré par les rues Lafont et Puits-Gaillot, qui détruisent l'effet de ses faces latérales. Là, siégent le tribunal consulaire et le conseil des prud'hommes. Les archives qui renferment des pièces fort intéressantes pour l'histoire lyonnaise contiennent en même temps un musée des plus curieux, dont tous les objets ont été recueillis par M. Rozaz, qui l'a cédé à la ville de Lyon. C'est une collection, unique au monde, de toutes les médailles politiques frappées à Lyon ou pour Lyon, depuis 1789 jusqu'en 1840, républicaines et royalistes; des principales caricatures, proclamations, brochures politiques que cette longue période a vu éclore, d'armes, de vêtemens militaires de la Révolution. L'histoire révolutionnaire de Lyon est écrite là sur des matériaux authentiques. Quelques-unes des pièces qui composent le médailler sont précieuses en raison des hommes auxquels elles ont appartenu et des souvenirs qu'elles rappellent.

L'Hôtel-de-Ville est en ce moment l'objet de réparations importantes dans la partie supérieure de sa façade, qui est fort belle. Les statues mutilées par le temps sont refaites sur le même modèle; déjà on voit saillir de la pierre celles du Rhône et de la Saône.

De belles peintures furent faites à l'Hôtel-de-Ville quelques années après sa construction, par Blanchet, peintre distingué qui, né à Paris, vint de bonne heure à Lyon, où il fit ses principaux ouvrages. Blanchet fut professeur à l'école de peinture et de sculpture de Lyon, qui, après avoir été fermée quelque temps, fut réouverte en 1677, avec le concours de Coisevox.

Lorsque Blanchet eut exécuté ses travaux de l'Hôtel-de-Ville, il en réclama naturellement le paiement; le consulat lui demanda un compte, une facture. Blanchet la fit en ces termes :

« Messieurs les prévôts des marchands et
» échevins de la ville de Lyon, pour du
» BLANC, du ROUGE et du NOIR, la somme
» de 300,000 livres. »

En 1702, Mansard restaura la façade qui avait été endommagée par un incendie.

Sous la République, on plaça dans cette façade un bas-relief, de Chinard, représentant la Liberté et l'Égalité. Il fut enlevé en 1810. Sous la Restauration, on y a mis la statue en relief d'Henri IV. L'Empire lui avait préparé la place.

Le Palais-des-Arts est situé, ainsi que l'Hôtel-de-Ville, sur la place des Terreaux, dont il occupe tout un côté. Il se compose de quatre parallélogrammes, dont la façade est sévère, et la cour intérieure, composée de deux galeries superposées, est d'un assez bel effet. La galerie inférieure, à l'air libre, renferme des débris romains, gallo-romains, moyen-âge, de toutes sortes; tauroboles, sarcophages, autels votifs, stèles, urnes, statues mutilées, torses, pierres tumulaires. Dans ce fouillis, où tout n'est pas des bonnes époques, il y a des objets d'une grande beauté.

Deux salles de la partie supérieure sont occupées par deux galeries de tableaux, celle des anciens maîtres et celle des peintres lyonnais vivans; l'une de ces salles est parallèle à la façade, au fond de la cour, l'autre est sur la face latérale de gauche, au deuxième étage. La galerie des anciens a des tableaux d'une haute valeur artistique.

Van-Huysum, Baptiste, Van-Brussel, Wéenix, Mignon, Seghers, de Heem, y représentent la peinture de fleurs.

Le Pérugin, Le Sueur, Philippe de Champagne, le Guide, Jouvenet, les deux Carrache, l'Albane, Rubens, Ribera, le Guercin, Breughel de Velours, Jordaen, André del Sarte, la peinture religieuse.

Gérard Dow, Ruisdaal, le Tintoret, Paul Véronèse, Albert Durer, Parrocel, Bourdon, Miereveld, Therburg, Wouwermans, le genre, la nature morte et le paysage.

Si cette galerie n'a pas un nombre considérable de tableaux, elle est remarquable par leur mérite.

L'autre galerie se compose d'œuvres des peintres lyonnais. Guindrand, Bonnefond, Artaud, Revoil, Fonville, Genod, Dubuisson, Trimolet, Thierriat, etc., brillent là avec leurs défauts et leurs qualités.

La grande salle du Musée a de magnifiques mosaïques romaines, dont la plus belle a été trouvée dans le jardin Macors, qui était alors situé entre les rues d'Auvergne, de Puzy,

Roger et des Remparts-d'Ainay ; elle renferme des émaux d'une grande beauté, des poteries de Bernard Palissy, d'un riche travail, des momies, des armures, la reproduction en plâtre des portes du baptistère de l'église de Florence, et les tables de Claude.

D'autres salles contiennent des marbres dus en grande partie au ciseau d'artistes lyonnais, mais qu'ornent aussi des ouvrages de grands maîtres, des reproductions en plâtre de quelques chefs-d'œuvre du Louvre.

Ce palais renferme encore un musée d'histoire naturelle, une bibliothèque artistique et quelques volumes appartenant à la chambre de commerce, qui y a ses bureaux.

Le Palais-des-Arts, bâti en 1667 sur les dessins de la Valsinière, a été d'abord le couvent des dames de Saint-Pierre ; restauré à plusieurs reprises, il n'a conservé de son ancienne destination que la galerie qui entoure la cour et qui était le cloitre, et une fort jolie chapelle qui sert aujourd'hui de bourse, et où a été établi le parquet des agens de change. L'autel du veau d'or a pris la place de l'autel chrétien.

La bibliothèque de la ville est un monument d'une grande beauté à l'intérieur, car on ne soupçonnerait pas au dehors ce qu'il y a de grandiose, de majestueux dans la salle principale. Cette bibliothèque est fort riche ; les étrangers y arrivent difficilement, égarés qu'ils doivent être dans un escalier mal construit et dans d'immenses corridors. On y arrive par la place du Lycée.

L'Hôpital-Général ou Hôtel-Dieu mérite une attention particulière. Ses cours, ses salles, celle du grand dôme surtout, sont remarquables par leur nombre, leur grandeur et leur bonne tenue. C'est un des plus beaux monumens de ce genre qu'il y ait en Europe.

La fondation de cet établissement remonte à douze cents ans ; depuis les premières assises jetées, chaque siècle a apporté sa pierre à l'édifice qui s'est élevé d'abord sans plan général, peu à peu, non pas dans la mesure des besoins, mais dans la mesure des ressources que procuraient les dons, les quêtes et les legs.

C'est un spectacle plein d'intérêt que celui

de la bienfaisance privée luttant avec les besoins de la souffrance, répondant à ses cris par des secours, ouvrant un asile aux malades, puis l'agrandissant, ajoutant retrait à retrait, aile à aile, brisant sa clôture pour l'étendre au dehors, empiétant sur la rue, démolissant les maisons qui le gênent, pour conquérir de nouveaux lits à donner, tout cela au hasard, selon les convenances et les possibilités, jusqu'à ce qu'un plan général enveloppe, relie, fasse concorder toutes ces conquêtes partielles.

C'est là l'histoire de l'Hôpital-Général de Lyon, que Soufflot a régularisé en 1745, dont il a tracé le magnifique plan qu'il appartenait au temps de réaliser. Notre génération a vu construire, du côté du Rhône, une portion de la façade au sud du grand dôme, toute l'aile, depuis la première saillie jusqu'à la rue de la Barre, l'école de médecine qui a pris la place de quelques maisons de cette rue, le promenoir qui a été ouvert sur le côté Est de la rue du Bourg-Chanin, promenoir dont l'effet favorable est déjà sensible sur la mortalité constatée à l'hospice. Ainsi, chaque époque apporte son amélioration, et le temps n'est pas loin où l'on verra tomber les habitations qui forment l'angle des rues de la Barre et du Bourg-Chanin pour agrandir l'asile ouvert aux malades.

L'Hôtel-Dieu a douze cents lits; ce nombre est souvent insuffisant.

L'hospice de la Charité, qui a son entrée principale dans la rue de ce nom, occupe tout un côté de la belle place de la Charité et a une longue façade sur le quai du Rhône; il confine au Sud à l'hôpital militaire. Moins grand que l'Hôtel-Dieu, il est vaste cependant, bien aéré par neuf cours, et desservi par des galeries couvertes à tous les étages. Cet édifice a été commencé en 1617.

On voit encore sur le quai de Flandre, entre le pont Saint-Vincent et le pont l'Epine, une maison solidement bâtie en pierres de taille, avec un bel escalier, qui a été autrefois l'hospice de la Charité.

L'hospice de l'Antiquaille, placé sur la colline de Fourvières, n'a rien de remarquable aujourd'hui que sa situation, ses vastes jardins en pente, mine féconde de débris romains et qui s'étendent jusqu'au Chemin-Neuf, voie ouverte par le baron des Adrets, lorsqu'il occupait Lyon, afin d'établir des communications plus faciles entre Saint-Just et les autres parties de la ville.

C'est sur l'emplacement de l'Antiquaille que s'éleva jadis, à ce qu'on croit, le palais des empereurs; là, qu'habitèrent tour-à-tour Auguste, Drusus et Tibère, que naquit Claude, que résida Septime-Sévère, que vint au monde Caligula. Mais les preuves manquent; les incendies n'y ont laissé que des ruines.

Les trois hospices de l'Hôtel-Dieu, de la Charité, de l'Antiquaille, qui avaient autrefois des administrations distinctes, sont aujourd'hui réunis sous la même administration. D'elle encore dépend un hospice d'incurables, situé au Perron, commune d'Oullins.

Le vaste édifice que l'on voit du quai St-Antoine, un peu au-dessous et à gauche de l'Antiquaille, est le dépôt de mendicité, établi dans l'ancien couvent des Chazeaux.

Au pied de la colline, sur la rive droite de la Saône, s'élève le Palais-de-Justice, dont la colonnade est d'un bel effet, bien que les colonnes soient un peu trop rapprochées. La salle des Pas-Perdus ne manque pas de grandeur, mais, hélas! le reste de l'édifice ne répond pas à l'extérieur; l'espace est partout trop étroit, insuffisant pour les divers services. Le parquet du procureur général est sur la face latérale de la rue Porte-Froc; celui du procureur de la République sur la face latérale de la rue du Palais.

Le Palais-de-Justice est adossé à la prison de Roanne, prison insalubre, meurtrière, manquant d'air et de soleil, véritable tombeau. La pensée de réunir ces deux édifices sur un périmètre trop resserré, a été une combinaison fort malheureuse. Ni l'un, ni l'autre de ces bâtiments n'est approprié convenablement aux besoins.

Les églises les plus remarquables de Lyon sont:

La cathédrale de Saint-Jean, dont l'édification a duré plusieurs siècles et porte les traces d'architectures différentes. Les premiers travaux de cette église sont du quatorzième siècle. Sa haute façade, avec ses trois portails décorés de statuettes, son balcon de pierre, ses gargouilles, est riche et imposante. Elle est ornée de riches vitraux anciens et de verrières modernes d'une grande beauté. Un buffet d'orgues y a été placé depuis quelques années. Son abside est plein de grâce, il est malheureusement obstrué par les constructions voisines.

L'église de Saint-Nizier, vaste et légère à la fois, mais dont l'extérieur est gâté par de mesquines boutiques. Le dieu des chrétiens au dedans, le dieu du négoce au dehors.

Ainay, qui occupe une partie de l'emplacement où fut autrefois le temple d'Auguste, qui s'est élevée avec ses débris. C'est un petit temple gracieux, original, que des chapelles latérales ont malheureusement altéré. Quatre belles colonnes de granit, qu'on dit avoir appartenu au temple d'Auguste, supportent la voûte du chœur; des colonnes de marbre, long-temps dissimulées sous une épaisse couche de badigeon, soutiennent la nef.

Saint-Paul, petit temple gothique, fort joli, mais que l'élévation constante du pavé extérieur enterre malheureusement.

Saint-Just, église moderne qu'on a eu le bon goût de bâtir dans le style du temps, sans chercher à en faire un temple grec.

Les Cordeliers ou Saint-Bonaventure. Cette église, destinée à remplacer l'ancienne église du couvent des moines Cordeliers devenue trop petite, fut commencée en 1326 et achevée en 1468, telle qu'elle est aujourd'hui. Elle était d'abord consacrée à saint François-d'Assise ; saint Bonaventure le détrôna. A l'exception de sa façade percée de trois portails, du chœur qui, élevé de deux marches, est d'un bel effet, et de quelques détails dans les chapelles, elle n'a rien de remarquable. Elle est pauvre, nue et triste ; mais les événemens qui s'y sont passés lui donnent une juste célébrité.

Les moines firent représenter les mystères de la passion dans le couvent, en 1274, pendant la tenue d'un concile. Les corporations lyonnaises bâtirent à diverses époques, mais sans harmonie, les chapelles des bas côtés. Les marchands d'articles de Troyes en font une à saint Fortunat, les tailleurs de pierre une à saint Jacques et à saint Philippe, les vitriers et les peintres une à saint Clair et à saint Luc, les hôteliers une à saint Antoine-de-Padoue, patron des tireurs de cartes et des sorciers, auquel les cabaleuses de loterie ont apporté des cierges piqués de petites épingles, jusqu'au jour où la révolution de juillet a aboli la loterie. Les tondeurs de draps en firent une à saint Mathieu, le receveur des gabelles.

En 1425, quarante-cinq députés des villes et villages du Lyonnais se réunirent dans le réfectoire des Cordeliers, et y nommèrent deux mandataires chargés d'aller prier le roi de diminuer la taxe imposée à Lyon par l'édit de Poitiers.

Au mois d'avril 1529, dans la révolte populaire amenée par la misère publique, et qu'on appela la *Rebeyne*, le peuple fut convoqué aux Cordeliers, y accourut, enfonça les portes et sonna le tocsin... Quatre jours durant, le soleil se leva sur la potence plantée au milieu de la place des Cordeliers, alors fort petite, agrandie depuis, en 1557, par le cimetière du couvent.

En 1531, la famine désole Lyon; c'est aux Cordeliers que les magistrats distribuent des secours à cinq mille cinquante-six personnes étrangères à la ville, qui furent nourries au moyen de quêtes pendant cinquante-deux jours. Les notables, les marchands et bourgeois se réunirent au même endroit pour entendre le rendement des comptes, et comme il restait une petite somme, ils commencèrent la grande œuvre de l'Aumône-Générale.

En avril 1562, le baron des Adrets, à la tête des protestans, s'empare de Lyon, dévaste et pille les Cordeliers; l'église devient le temple des réformés, qui l'occupèrent deux ans.

Dix ans après, au signal donné par Charles IX, les catholiques massacraient les protestans, auxquels on avait donné un asile dans le couvent des Cordeliers, sous prétexte de les soustraire à la mort.

L'église retrouva sa splendeur, elle eut des autels pour tous les désirs; les jeunes filles y invoquaient sainte Catherine qui devait les marier; les veuves sainte Anne qui leur promettait de nouveaux époux; les maris saint Joseph; les femmes enceintes Notre-Dame de Délivrance.

C'est dans le cloître des Cordeliers que Henri IV pardonne une première fois à Biron ses intelligences avec les Espagnols et le duc de Savoie.

L'état politique de la France va changer; les Etats-Généraux sont convoqués pour la dernière fois. Les ordres de la sénéchaussée de Lyon s'assemblent aux Cordeliers. Trois cent trente-cinq députés du clergé siégent aux Confalons, deux cent quatre-vingt-un de la noblesse au Concert, sept cent vingt-neuf du tiers-état se réunissent dans l'église.

Le 14 mars 1789 se tint la première assemblée, où un jeune noble, M. Deschamps, proclame, au nom de la noblesse, l'abandon de tous les priviléges à l'égard de l'exemption des charges et des impôts; le clergé, entraîné, fit une déclaration semblable; le tiers remercia.

C'est là que le curé de Saint-Genis-l'Argentière demande que l'Etat s'empare des biens du clergé. Déjà on pouvait pressentir que la révolution s'avançait.

Le 4 avril se tient la seconde assemblée : les députés sont proclamés, on leur remet leurs cahiers.

Le 11 avril 1791 on célèbre aux Cordeliers un service pour Mirabeau qui vient de mourir.

La Convention va se réunir, c'est encore aux Cordeliers que s'assemblent les électeurs.

L'église fut dévastée en 1793; elle devint tour-à-tour une école d'équitation, une ménagerie, un grenier à foin, une remise, une halle aux grains. Elle fut affectée à la dotation de la Légion-d'Honneur. Le clergé en reprit possession en 1807.

En avril 1834 une insurrection éclate à Lyon; les républicains, maîtres de la place des Cordeliers, établissent dans l'église une ambulance. C'est dans les chapelles, sur les marches de l'autel, que les dernières victimes tombèrent quand l'insurrection fut vaincue.

Les autres églises de Lyon, vastes, assez jolies, n'ont rien de monumental. Une flèche, de construction toute récente, orne le clocher de Saint-Georges et se découpe très gracieusement sur la colline.

L'étranger qui aime à retrouver l'architecture des siècles passés pourra visiter avec plaisir la rue Saint-Jean, où se trouve, à l'angle de la rue Porte-Froc, une délicieuse maison romane, dans la cour de laquelle est un puits bâti par Philibert Delorme, et beaucoup d'autres moins jolies, mais remarquables encore; la rue Lainerie, où brille par ses sculptures une maison du moyen-âge; la rue Juiverie, qui garde de beaux édifices, un surtout d'un riche travail à l'intérieur; l'ancien Hôtel-de-Ville, rue de la Poulaillerie; la maison du roi des Ribauds, sur le quai de Flandres, près de Saint-Paul, quelque peu gâtée par une surélévation récente; la maison gothique du quai Fulchiron, celle de la place d'Albon ; la tour Pitrat, d'où la vue est admirable ; plusieurs maisons de la rue Mercière, d'architecture romane, dont l'extérieur a subi des modifications, mais dont l'allée et l'escalier sont fort beaux ; la Manécanterie, place Saint-Jean, et la Commanderie de Malte, rue Saint-Georges.

Lyon n'est pas riche en monumens artistiques ; la statue équestre de Louis XIV, par Lemot, sur la place Bellecour ; les deux statues du Rhône et de la Saône, par Coustou, sous le péristyle de l'Hôtel-de-Ville, sont les seuls monumens remarquables qu'elle possède en ce genre. Il ne faut pas parler de la statue de Jacquart, trop lourde et d'un mauvais effet, sur un maigre piédestal. Dans une ville où l'on voudrait rendre hommage au génie, on ne laisserait pas ce monument dans un si piteux état ; depuis long-temps on eût refondu cette statue ou on lui eût donné une autre base ; elle ne pourrait que gagner à être plus élevée.

La place du Perron, sur le penchant Sud

de la colline de la Croix-Rousse, est ornée de la statue de l'Homme du Peuple, placée après la révolution de Février. Une statue semblable avait été posée sur la place de la la République, à Perrache ; elle a été mutilée, puis enlevée.

La seule colonne qui existe à Lyon est celle de la place des Cordeliers. Elle fut élevée en 1765 ; elle a 21 mètres 65 centimètres de hauteur (65 pieds). En 1768, la statue d'Uranie, due au ciseau de Jayet, y fut placée pour indiquer le méridien. C'est un monument remarquable ; malheureusement, sous l'influence de notre climat brumeux, les statues de pierre s'altèrent promptement chez nous ; la tête d'Uranie s'est détachée en 1850 ; l'administration municipale ne paraît pas songer à la rétablir.

Il existe sur la place Saint-Jean, en face de la cathédrale, une fontaine mignonne et coquette, due à M. Dardel, ornée d'un groupe de M. Bonnassieu, représentant le baptême de Jésus par saint Jean-Baptiste. L'eau est peu abondante, y manque souvent, et Jésus y a long-temps attendu son baptème.

Il y a à Lyon, sur le quai de Flandres, rive droite de la Saône, un rocher sur lequel s'élevait naguères une statue de bois, retenue par de longues tiges de fer, renouvelée de temps en temps par des souscriptions particulières. En l'honneur de qui avait été dressée la première de ces statues? on l'ignore. Elle s'appelait l'*Homme de la Roche*; voilà tout ce qu'on en sait. Un jour on s'imagina qu'elle pouvait bien être un hommage rendu à un allemand qui habitait Lyon du temps de François I$^{er}$, et qui dotait les filles du quartier, à ce qu'on prétendait. On l'appela d'abord Jean Fléberg, puis Flébergue, puis Cléberg, puis enfin Cléberger, nom qu'il a malheureusement gardé, car l'homme bienfaisant qu'on a voulu honorer s'appelait Jean Cléberg. Il a donné une somme estimée à 35,000 fr. de notre monnaie, non point aux jeunes filles, mais à l'Aumône-Générale, dans les momens de disette.

On lui a enfin élevé une statue de pierre, et au lieu de la placer sur le rocher, on l'a mise dessous, à l'entrée d'une espèce de grotte factice dont l'obscurité lui sert de repoussoir. On devait élever une fontaine monumentale qui eût été surmontée de la statue, on s'est contenté d'une borne. La statue, qui est de M. Bonnaire, méritait mieux.

Deux théâtres principaux existent à Lyon. Le Grand-Théâtre, près de l'Hôtel-de-Ville, est un monument lourd et froid. Cependant son péristyle intérieur est vaste et élégant; les colonnes qui le décorent sont en choin de Fay, pierre qui se polit facilement et acquiert un grande beauté. Elles ont été tirées d'une carrière près de Seyssel, à quelques kilomètres du Rhône, autrefois exploitée sous la domination romaine et aujourd'hui à peu près abandonnée. L'intérieur de ce théâtre est élégant et bien distribué. Le grand opéra, l'opéra comique, le ballet y sont représentés quatre fois par semaine, et nos grands compositeurs y ont presque toujours d'excellens interprètes. L'orchestre est remarquable; il compte parmi ses artistes des hommes d'un grand mérite, et prend rang après celui du Théâtre de la Nation (Grand-Opéra).

Le théâtre des Célestins, sur la place de ce nom, est, à l'intérieur, d'une coupe très gracieuse; sa façade était horrible naguère; des vitres absentes, des murs noircis, des volets d'une couleur impossible ne la faisaient pas mal ressembler à celle d'une maison abandonnée; on vient de la badigeonner et de la vernir. Ce petit théâtre joue le drame, le mélodrame, le vaudeville; il est d'une activité incroyable; il n'y a pas de théâtre au monde qui dévore autant de pièces.

Nulle ville en France n'a des ponts aussi nombreux et plus élégans que Lyon. Sept ponts unissent l'une à l'autre les deux rives du Rhône :

Le pont de Saint-Clair, pont suspendu, aux travées hardies;

Le pont Morand, qui lie le quartier des Terreaux à la partie la plus riche des Brotteaux: il a été bâti en 1775;

La passerelle du Collége, élevée, légère, étroite, qui se balance aux vents sur l'abime ;

Le pont Lafayette ;

Le pont suspendu de l'Hôpital ;

Le pont de la Guillotière, le plus ancien des ponts de Lyon, très gracieusement restauré ;

Le pont Napoléon, pont suspendu, le dernier construit ;

La Saône est traversée par onze ponts ;

Le pont de la Gare, entre les extrémités de Vaise et de Serin ;

Le pont de la Verrerie, bâti au port Mouton, dont on lui donne le nom ;

Le pont de Serin ;

La passerelle Saint-Vincent ;

Le pont de la Feuillée ;

Le pont de Pierre ou du Change ;

Le pont du Palais ;

Le pont Tilsitt ;

Le pont d'Ainay ;

Le pont Napoléon ;

Le pont de la Mulatière, au confluent.

Autant la ville de Lyon est belle en été, à la fin du printemps, au commencement de l'automne, sous les rayons du soleil, alors que ses promenades et ses coteaux se couvrent de verdure, ou présentent à la première tombée des feuilles les teintes les plus variées, autant elle est belle encore par le froid sec de l'hiver, quand la neige couvre ses collines, quand le givre fait scintiller ses perles sur les branches de ses arbres, autant, aussi, elle est triste, sombre, malpropre, par les temps de pluie et de brouillards. Ses maisons apparaissent alors sombres, enfumées; dans l'air voltigent des atômes noirs, émanation de la houille qu'on brûle en grande quantité dans tous les ménages, et qu'on appelle ici des *moucherons*. Véritables moucherons qui courent au gré du vent, mais qui malheureusement n'ont pas d'ailes, et se fixent sur le visage et les vêtemens.

Le brouillard qu'y produisent le Rhône et la Saône, règne en maître sur la cité, d'où le vent du nord ne peut pas le chasser, brisé qu'il est par les collines de la Croix-Rousse et de Fourvières. Il arrive parfois que ce brouillard est si intense, que la vue est interceptée à vingt pas; il se produit souvent alors un curieux phénomène; pendant que la partie plane de la ville est dans l'obscurité grisâtre du brouillard, les hauteurs de Saint-Just resplendissent sous les rayons du soleil. D'autres fois encore on voit le brouillard s'avancer comme une masse épaisse, suivant la rivière, rasant les flots, et envelopper peu à peu un immense espace.

Lyon est mal pavée de cailloux pointus, entre lesquels séjournent l'eau et la boue; aussi, dans les temps de pluie, quelques-unes de ses rues sont-elles impraticables, celles surtout dont le peu de largeur n'a pas permis d'y établir des trottoirs.

Ainsi s'expliquent les opinions opposées qu'on a exprimées sur Lyon; les artistes, les touristes qui l'ont visitée dans les beaux jours, l'ont trouvée ce qu'elle est en effet, une ville admirable; ceux que leurs affaires y ont appelés en hiver, durant la pluie ou la fonte des neiges, la regardent comme un cloaque.

Il y a en effet à Lyon, comme dans toutes les anciennes villes, des rues étroites, malpropres, tortueuses, mal bâties, où la hauteur des édifices intercepte l'air et la lumière. Les quartiers de l'Hôpital, de Saint-Georges, Saint-Paul, Saint-Vincent appellent sous ce ce rapport d'importantes réformes.

Depuis vingt-cinq ans de grandes améliorations ont été apportées à la viabilité; tous les magistrats qui se sont succédé dans l'édilité lyonnaise ont marqué leur passage par de grands travaux, entrepris peut-être sans avoir assez calculé les ressources de la cité, auxquels une sage économie n'a pas toujours présidé, mais qui ont contribué à modifier d'une manière très heureuse l'aspect de la cité. Les dépenses n'ont pas été entièrement à la charge de la caisse municipale, et l'Etat a contribué pour une part assez forte à tous les travaux entrepris sur les voies de grande communication.

Les principales améliorations faites à Lyon

depuis vingt-cinq ans ont eu surtout pour objet les rives de la Saône. Une ligne de maisons, qui bordait la rivière depuis le pont de Pierre jusqu'au pont de la Feuillée, a été renversée pour faire place au quai de la Pêcherie, devenu quai d'Orléans, aujourd'hui quai du Peuple. Il restait sur le pont de Pierre, à l'extrémité orientale, deux rangées de maisons. Celle du nord tomba la première; la deuxième maison de la rangée du sud n'a disparu que depuis peu de temps.

Le quai de la Pêcherie une fois conquis, la ligne des quais s'arrêtait au pont Tilsitt; elle était seulement brisée sur la rive gauche par un court intervalle où l'eau baignait le pied de belles maisons; elle était complétement interrompue sur la rive droite. Un quartier dont l'aspect était fort pittoresque, mais en même temps fort malpropre, s'appuyait sur une grève fétide, celui de Saint-Georges.

On commença par la rive gauche; un quai pris sur la rivière relia la tête du pont Tilsitt au quai de l'Arsenal, et de ce côté on put suivre la Saône dans tout son parcours jusqu'au confluent.

L'administration s'occupa ensuite de la rive droite, et un quai fut construit du pont Tilsitt jusques un peu au-delà du pont d'Ainay. Il reste à achever cette ligne jusqu'au chemin des Etroits.

La rue de Bourbon, aujourd'hui rue de la République, s'est continuée jusques à Bellecour, et a donné une activité, une animation extraordinaires à ce quartier.

La boucherie des Terreaux, entourée d'un cloaque de sécheries de peaux et de triperies, a disparu pour faire place à de larges rues et à de beaux édifices privés.

La boucherie de l'Hôpital qui avait été bâtie en 1570 par les ordres de M. de Mandelot, gouverneur de Lyon, est devenue un magnifique passage. Paris en a peu de semblables.

Le quai Saint-Antoine, le plus large qu'il y ait à Lyon et probablement en France, décrivait une courbe très gracieuse parallèlement aux édifices qui le bordent; mais il descendait en pente vers la Saône et il était fréquemment inondé ; le quai Villeroi, entre le pont de Pierre et le quai Saint-Antoine, manquait de largeur ; un magnifique travail a été exécuté sur ces deux points. Malheureusement on a sacrifié la ligne courbe à une ligne droite, qui a ôté au quai sa régularité, mais qui l'a agrandi encore en donnant au commerce un bas-port pour les marchandises. Ce quai vient d'être planté d'arbres.

Le vieux pont, appelé en même temps pont de Pierre et pont du Change, qui datait de cinq siècles et qui menaçait ruine, a été remplacé par un pont nouveau, d'une largeur double, et dont les abords vastes et assez faciles ne manquent pas d'élégance. Malheureusement, un désaccord s'est élevé entre l'administration municipale et l'Etat qui faisait construire le pont par ses ingénieurs, et payait une partie de la dépense ; l'administration proposait de faire déboucher le pont d'un côté, en face de l'église de Saint-Nizier, de l'autre, en face du temple protestant, en abattant une maison qui le masque ; les ponts et chaussées n'ont pas accepté ce projet, ils ont bâti le nouveau pont à quelques mètres en amont de l'ancien et lui ont donné un axe gênant pour la navigation qui était déjà très difficile en cet endroit, car il n'y a qu'une arche navigable. Le courant y est très rapide, et les bateaux qui descendent sont emportés vers l'éperon d'un abreuvoir qu'ils n'évitent que par une habile manœuvre.

Ce pont était près d'être terminé quand un singulier accident vint en retarder l'achèvement. Une fusée partie de la colline de l'Observance, le soir du dimanche 24 août 1845, que des élèves tiraient un feu d'artifice pour fêter leur professeur, vint mettre le feu à un bateau de foin amarré au quai de l'Observance. Celui-ci menaçait d'incendier d'autres bateaux attachés au port, on coupa les cables qui le retenaient, et cet immense foyer qui flambait descendit lentement et majestueusement la Saône, alors fort basse, lançant ses flammes à une grande hauteur, sans qu'il fût possible d'en approcher, soit pour l'attacher avec des chaines, soit pour essayer de l'éteindre.

On craignait pour les barques stationnant sur les deux rives et qui sont toujours chargées de riches cargaisons, surtout au port Neuville, pour les bateaux à vapeur amarrés sur la longue ligne des ports de la Chana et de l'Epine ; d'un côté comme de l'autre, un incendie eût produit des pertes immenses. L'effroi était général et des voix puissantes faisaient entendre sur les deux rives opposées ce cri terrible : « *Voilà le feu ! Préservez vos bateaux !* » Sur les quais où stationnent les bateaux à laver, les bateaux de charbon de bois, les bachots à poissons, l'angoisse était à son comble.

Le feu passa sans accident, il descendait avec lenteur ; mais entraîné par le courant auquel on ne résiste que difficilement en cet endroit, le bateau enflammé vint se briser sur l'éperon de l'arche marinière du nouveau pont, et une partie des débris s'engagea dans la magnifique charpente qui soutenait les cintres de la nouvelle arche à peine achevée. Ici commença le spectacle le plus étrange, le plus fantastique et le plus horrible qui se puisse voir. La charpente prit feu, et le bateau brisé promena trois foyers sur les eaux; le principal était encore immense. Les craintes redoublèrent; l'incendie pouvait gagner les barques du quai Saint-Antoine, du quai des Célestins, où il n'y a pas une place vide; si les débris en feu arrivaient jusqu'à Perrache, ils pouvaient incendier les bateaux d'esprits, d'eaux-de-vie, de vins, stationnés au port de l'entrepôt.

Il y avait alors, en face du quai Saint-Antoine, un large banc de gravier à peine reccuvert par les eaux et que les mariniers n'évitaient pas toujours, car le courant qui est très fort en aval du pont portait droit sur l'écueil. Par un heureux hasard, la partie principale du navire incendié vint s'échouer sur ce banc, et s'y enfonça de telle sorte qu'elle y resta en continuant de brûler.

Rien ne saurait rendre la grandeur du spectacle qu'on eut alors sous les yeux. Il était près de neuf heures, la charpente du nouveau pont brûlait et jetait des flammèches jusques au-dessus des maisons placées sur la pile orientale du vieux pont; le foyer principal se consumait au milieu de la Saône, immobile, mais projetant une immense lueur; les deux autres parties descendaient toujours, illuminant les rives.

Quelques hommes des ports, montés sur des barques, armés de harpons qu'on appelle à Lyon des *arpics*, d'écouloirs qu'on nomme des *agotiaux* (égouttoirs), s'aventurèrent auprès de ces foyers brûlans, soit pour les éteindre, soit pour les maintenir au milieu de la rivière et préserver les rives. C'était une scène saisissante que celle de ces barques rôdant autour feu, et de ces hommes harponnant le foin pour l'enfoncer. Ils réussirent, les deux masses furent éteintes. Huit ou dix batelets essayèrent la même manœuvre sur la partie échouée, mais leurs efforts furent inutiles, le lendemain, à midi, le foin brûlait encore.

A neuf heures et demie, la charpente du pont s'écroula en grande partie et fit une nouvelle traînée de feu qui ne fut éteinte qu'au-delà du pont Tilsitt.

Les pierres de la voûte étaient calcinées, il fallut les enlever pour les remplacer et établir de nouveaux cintres. Cette opération était regardée comme très difficile, parce qu'on redoutait la poussée des autres arches; ce travail exécuté avec intelligence réussit complètement; il fut conduit avec activité et le désastre promptement réparé.

Ce pont a été construit par M. Jordan, ingénieur des ponts et chaussées.

Bientôt après, le vieux pont fut démoli, la dernière maison qui restait sur la pile orientale et où était le pittoresque café *Neptune*, disparut en même temps; alors on put jouir de là d'une admirable vue. Une digue de ceinture avait achevé d'envelopper la presqu'île de Perrache; sur la rive opposée, le quai des Étroits, chemin de hallage, avait été construit. Un arsenal a été bâti à Perrache; le pont de la Guillotière, monument des siècles passés, trop étroit pour l'affluence des voitures et des passans, a été élargi au moyen d'une charpente en fonte reposant sur les piles et supportant de larges dalles qui forment un trottoir de chaque côté. Cette modification a presque doublé sa largeur, et lui a donné une élégance assez rare dans ces sortes de constructions.

Le port l'Épine a été refait ; le quai Saint-Vincent beaucoup trop étroit s'est agrandi en empiétant sur le lit de la Saône, enfin, la rue Centrale s'est ouverte et a complètement changé l'aspect de la cité, depuis la place des Jacobins jusques à la place Saint-Pierre. En effet, une voie droite et large, bien bâtie, a coupé des maisons manquant d'air et de lumière, des cours humides, des cloaques, et du quartier le plus sombre, le plus triste, a fait un des plus brillans. La transformation a été rapide et se continue.

Quand l'administration s'occupe d'améliorations, l'industrie privée suit son exemple ; elle cherche à profiter de son mieux des travaux de l'Etat et de la commune, et y ajoute naturellement les siens. Les rues prennent un nouvel alignement et s'élargissent, de belles maisons remplacent des demeures fétides et obscures. L'art, quelque peu égaré dans les villes de commerce et de fabrique, élève çà et là quelques édifices perdus dans les masses, comme une protestation contre le goût général un peu indifférent, ou comme un témoignage de ce qu'il peut, lors même que les idées sont généralement tournées vers la spéculation. Ainsi, une maison gothique, d'un travail délicieux, vient s'encadrer malheureusement entre les édifices plus qu'ordinaires du quai Fulchiron ; elle serait charmante sur le penchant d'une colline, isolée, dégagée, éclairée sur toutes ses faces ; elle se plante là comme une date étrange, comme un anachronisme, comme une fantaisie qui a son charme en rappelant une architecture qui n'est plus de mise.

En face du pont de Pierre se dresse une autre maison, trop haute, un peu bâtarde, mais gracieusement parée de découpures gothiques, et qui fait une curieuse transition entre le pont moderne et la vieille basilique de Saint-Nizier qu'elle sépare l'un de l'autre.

En même temps, huit ponts nouveaux étaient jetés sur les fleuves qui baignent Lyon, et donnaient à cette ville un aspect nouveau.

Avant de quitter Lyon, constatons que cette ville fut une des premières où s'implanta et fleurit l'imprimerie, cette puissance nouvelle du quinzième siècle, ou plutôt cette manifestation, sous une forme inconnue jusque-là, d'une puissance qui agissait sur le monde civilisé. Aux époques les plus brillantes des républiques d'Athènes et de Rome, c'est la pensée exprimée par la parole qui gouverne. C'est du haut de la tribune, que les orateurs grecs entraînent le peuple à la guerre ou dictent les conditions de la paix; c'est la parole qui, à Rome, fait acclamer les consuls, nommer et révoquer les préteurs. Nul ne sera grand dans l'armée, dans les arts, au sénat, au forum, s'il n'a l'éloquence qui persuade.

L'orateur ne peut parler qu'à un petit nombre, sa parole devra être reproduite pour être répandue au dehors, pour agir au loin, pour justifier ou attaquer les actes du pouvoir, éclairer le peuple sur les actes de l'administration. Les poètes, les auteurs dramatiques, qui peindront les mœurs et voudront les corriger, auront besoin, ainsi que l'orateur, que les manuscrits reproduisent leurs œuvres; mais les copistes ne suffisent pas, souvent aussi ils dénaturent la pensée de l'écrivain, ils énervent l'expression, ils enlèvent à la forme sa beauté.

Quelque peu avancés que fussent les arts mécaniques dans les derniers temps de l'empire romain, peut-être l'imprimerie fût-elle née à cette époque sans le cataclysme de l'invasion barbare, tant était grand le besoin de communiquer la pensée!

Au milieu de l'anarchie féodale, lorsque les intérêts sont fractionnés comme les États, qu'il manque au peuple opprimé le moyen de correspondre rapidement d'un lieu à un autre, d'organiser en commun la résistance à l'oppression, voilà que la pensée rêveuse, inquiète, éclate tout-à-coup; elle a trouvé un moyen de se reproduire. Les conquérans, les dominateurs, peuvent désormais brûler les bibliothèques, pourvu que dans une retraite ignorée, dans un cabinet de travail, un exemplaire échappe à l'incendie, la pensée du livre ne périra plus; les conquêtes de l'esprit humain sont assurées, le monde ne retournera plus en arrière; dès ce moment on peut dire avec certitude que l'humanité ne rétrograde pas, que la civilisation ne tourne plus dans un cercle.

C'est en 1473 que l'imprimerie fut introduite à Lyon; elle y trouva aussitôt des ouvriers habiles, des maîtres imprimeurs intelligens et pleins de goût; leurs produits ont marqué dans l'art typographique, et l'imprimerie a été long-temps une des branches importantes de l'industrie lyonnaise.

Il y a à Lyon un assez grand nombre d'imprimeries et de lithographies, dirigées par des hommes d'un mérite réel; mais Paris, qui absorbe presque toutes les publications importantes, leur laisse peu de grands travaux à exécuter.

Lyon a produit des hommes remarquables

dans tous les genres ; nous ne citerons que quelques-uns de ceux qui sont morts.

Parmi les sculpteurs : les deux Coustou, Coisevox, Chinard, Lemot.

Parmi les peintres : Pillement, Blanchet, Stella, Berjon.

Parmi les graveurs : Audran, J.-J. Boissieu, Antoinette Boussonnet-Stella.

Parmi les naturalistes : Rozier.

Parmi les écrivains : M$^{me}$ de Mandelot, Ménétrier, Spon, Terrasson, Monperlier, Cochard.

Parmi les médecins : Charles Spon, Jean-Emanuel Gilibert, Marc-Antoine Petit.

Parmi les mécaniciens : Pinet, Jean Truchet.

## VII.

Steamer. — Simple théorie de la vapeur.

La traversée de Lyon à Châlon se fait en huit heures.

Afin que l'on puisse bien juger de la force d'une machine, ou, comme on dit généralement, de la force d'un bateau à vapeur, ainsi que de la manière dont la vapeur se forme et agit, il est nécessaire de donner quelques explications; elles seront courtes, claires et intelligibles pour tous les lecteurs, si peu versés qu'ils soient dans ces matières qui ont un puissant attrait.

Cette machine, si bien organisée, si puissante, dont toutes les parties bien polies, bien luisantes, sont ajustées avec tant de soin et qui fonctionne avec une si parfaite régularité, ce n'est pas seulement un cheval, c'est la force réunie de vingt, de quarante, de cent, cent cinquante, deux cents chevaux. Le bateau qui la porte s'appelle un vapeur ou un *steamer*, mot anglais qui se prononce stimeur. Les bateaux du Rhône qui font le service de Lyon à Avignon, et de Lyon à Beaucaire au moment de la foire, sont les plus grands, ou du moins les plus longs qui aient été contruits jusqu'ici dans aucun pays du monde; quelques-uns ont cent vingt mètres de longueur et les plus longs qui naviguent sur les fleuves d'Amérique n'ont été établis jusqu'à ce jour qu'à une longueur de cent mètres.

Les vapeurs qui naviguent sur les mers sont en général beaucoup moins longs, mais beaucoup plus larges; ils ont une plus grande profondeur, et une plus grande élévation au-dessus de la flottaison, ils jaugent par conséquent beaucoup plus que les nôtres. La jauge d'un vaisseau se mesure par le volume d'eau qu'il déplace, et le poids qu'il porte se compte par tonneaux. La relation entre ces différens termes est très facile à établir, grâce au système décimal : le litre d'eau pèse un kilogramme ; le mètre cube d'eau équivaut exactement à mille litres ou mille kilogrammes, et le tonneau ou la tonne de marchandises est également de mille kilogrammes. Quand donc on vous dira qu'un navire est de cent, deux cents, cinq cents tonneaux, vous saurez qu'il déplace cent, deux cents, cinq cents mètres cubes d'eau, indépendamment de son propre poids, de celui de sa machine et de ses agrès, poids que l'on peut constater en cubant le bateau vide, et qu'il porte mille, deux mille, cinq mille quintaux métriques.

La puissance d'un cheval de vapeur est égale à soixante et quinze kilogrammes élevés à un mètre par seconde. C'est là une mesure de convention généralement adoptée, bien qu'il ne soit pas possible d'établir des rapports bien exacts entre le travail d'un cheval, qui ne peut soutenir long-temps une course rapide, et une machine dont l'action est constante ; mais ce n'était pas une relation absolue qu'il s'agissait de trouver, mais seulement une unité de calcul.

Quelques savans comptent autrement l'effet de puissance d'une machine à vapeur ; ils ont pris pour unité mille kilogrammes élevés à un mètre de hauteur en une seconde, et ils appellent cette unité *Dynamie;* mais jusqu'ici l'appellation de cheval-vapeur est plus généralement employée. Le cheval-vapeur équivaut donc à soixante et quinze kilogrammes élevés à un mètre de hauteur par seconde. Ainsi, quand on dit qu'une machine est de la force de dix chevaux, cela exprime qu'elle soulève par seconde sept cent cinquante kilogrammes à un mètre de hauteur. Souvent on prend le bateau pour la machine même qui lui sert de moteur, et l'on dit : Le bateau qui dessert cette ligne est d'une force de cent chevaux ; cela signifie que sa machine peut soulever par seconde un poids de sept mille cinq cents kilogrammes à un mètre de hauteur.

Le plus fort bateau à vapeur construit

jusqu'ici est le *Great-Britain*, la *Grande-Bretagne*, construit en Angleterre; il a quatre machines représentant ensemble une force de 1,288 chevaux. Sa longueur sur le pont est de 87 mètres 17 centimètres; sa largeur est de 15 mètres 54 centimètres. Il a été employé à sa coque 1,422,316 kilogrammes de fer.

On a depuis quelques années adopté pour les vapeurs destinés à porter les marchandises sur le Rhône un système nouveau. On construit des caisses en fer à peu près carrées, qui sont ensuite adaptées l'une à l'autre par de forts boulons, en avant et en arrière de celle qui porte la machine et les roues. Il résulte de ce système que si une voie d'eau vient à s'ouvrir dans l'une de ces caisses, l'eau y reste enfermée et ne se répand pas dans tout le bateau, qu'elle est ainsi plus facilement épuisée, et que, ne le fût-elle pas, la navigation n'est pas interrompue et que les avaries occasionnées aux marchandises sont circonscrites à la caisse où l'eau a fait irruption; mais, s'il a ses avantages, ce système a aussi ses inconvéniens ; il peut arriver que dans les fortes eaux le bateau soit jeté au travers d'un pont et s'y brise. Cette forme de construction ne serait pas praticable en mer ; un navire ainsi établi ne résisterait pas aux coups de mer. Ce danger serait peut-être prévenu si on enceignait le bateau, de la proue à la poupe, d'une ceinture de fer d'angle.

La vapeur est produite par l'action du feu sur l'eau enfermée dans un générateur ou chaudière. L'eau n'est pas le seul élément dont on puisse tirer un agent mécanique ; on vaporise également l'alcool, l'éther, l'huile de pétrole, l'huile de thérébentine, le sulfure de carbone, mais ces diverses matières qui peuvent servir à la formation de la vapeur étant plus coûteuses et d'un traitement plus difficile que l'eau, on s'est borné jusqu'ici, dans l'application aux machines de traction et aux autres machines fixes qui servent à l'industrie, à employer la vapeur d'eau.

Toutefois, comme la science continue ses recherches, qu'elle marche, qu'elle progresse, fait des conquêtes, on ne saurait lui assigner de limites ; l'éther et le sulfure de carbone donnent une vapeur qui peut agir dans des conditions bien différentes de celle de l'eau et produire une force plus grande dans un moindre espace ; il est donc fort possible que le système de traction sur les chemins de fer, de propulsion sur les bateaux à vapeur, soit un jour profondément modifié.

La vapeur est un gaz composé de globules infiniment petits, dans lesquels se transforme l'eau soumise à l'action du feu. Tout le secret de cette immense force dont jouit la vapeur, réside dans ce fait que la vapeur produite, sous la pression ordinaire de l'atmosphère, occupe un volume dix-sept cents fois plus grand que le volume de l'eau qui l'engendre. Ainsi, un litre d'eau réduit en vapeur occuperait l'espace nécessaire à dix-sept hectolitres, sous la pression ordinaire. Mais qu'arrive-t-il si, au lieu d'un litre, l'action du feu en vaporise deux, dix, cent ? Alors la pression sera augmentée, la vapeur se formera à une température qui s'élèvera en proportion de cette pression et de la chaleur, et à mesure que cette température acquerra un degré de plus, elle acquerra en même temps une plus grande force d'expansion qui la fera se précipiter par une fissure, par une paroi mobile qui cédera, par un robinet qu'on lui ouvrira.

C'est à ce moment de sa plus grande force qu'on la fait arriver dans ce cylindre que vous voyez là ; dans ce cylindre est un piston dont fait partie cette tige d'acier qui s'élève et s'abaisse tour-à-tour. La vapeur arrive sous ce piston et le soulève jusqu'à ce que condensée par une injection d'eau elle perde sa force de soulèvement, ou qu'elle s'échappe par des issues qui lui sont ouvertes pour aller se condenser dans un autre vase ; alors le piston redescend sous l'action d'un nouveau courant de vapeur sur sa partie supérieure. Un jet de vapeur le soulève de nouveau, il retombe de même, pour se relever et retomber encore, et toujours, aussi long-temps que la vapeur agira. Cette double action se produit avec une grande rapidité et une précision constante. Tout est dans ce mouvement régularisé.

Chaque cheval-vapeur emploie par heure trente-six litres d'eau vaporisée; à chaque coup de piston une partie de la vapeur s'échappe, il est indispensable qu'il s'en forme une quantité égale, et toute l'eau, encore tiède, provenant de la vapeur condensée, est ramenée dans la chaudière par une pompe refoulante, mise en jeu par le mécanisme lui-même. Il y a une telle rigidité de calcul entre la déperdition de la vapeur et l'action de la pompe, que celle-ci renvoie absolument la quantité d'eau dépensée en force motrice.

La tige du piston a été liée à une manivelle qui a reçu un mouvement de rotation du jeu successif du soulèvement et de l'abaissement de cette tige. C'est de ce mouvement de rotation que dérivent les actes de tous les agens inférieurs depuis le balancier jusques aux roues.

Telle est dans toute sa simplicité la théorie de la vapeur. Il n'est guère possible de donner d'autres détails, parce que, exacts pour un bateau, ils ne le seraient pas pour un autre. Il y a, en effet, de nombreux systèmes de machines à vapeur; on choisit celui qui convient le mieux au bateau que l'on veut lancer; aucun de ces systèmes n'est invariable, chaque jour apporte des modifications et surtout des simplifications. Le problème à résoudre est celui-ci : obtenir le plus grand effet possible avec le moins de dépenses possible et dans le plus petit espace possible. C'est là que tendent les mécaniciens, c'est là qu'ils arriveront peu à peu, et vous verrez certainement modifier encore ces machines, déjà moins compliquées que les anciennes.

Dans cette conquête magnifique de l'homme qui a utilisé des forces que la nature a mises à sa disposition, en lui laissant la faculté d'en régler l'emploi selon ses besoins, on peut dire que :

Le feu est le générateur, la puissance active;

L'eau est l'élément, le recéleur et le dispensateur du germe;

La vapeur est la force, l'esprit engendré de l'eau et du feu;

Le piston est l'agent tour-à-tour passif et actif, qui reçoit le mouvement et le transmet.

L'intelligence, que Dieu a soufflée dans le cerveau de l'homme, en ouvrant la suture du crâne, suivant la belle expression de la Genèse indienne de Valmiki, l'intelligence, aidée par l'étude et le travail, est la grande puissance qui féconde, anime, et met en œuvre les élémens que la nature a semés autour de l'homme et sous ses pieds.

# VIII.

### Historique de la Vapeur.

Autour de nous, dans l'air que nous respirons et qui est indispensable à notre existence ; dans la terre qui nous porte, que nous labourons et retournons pour la faire produire les objets nécessaires à notre vie matérielle, sur laquelle nous élevons nos demeures, pauvres, modestes ou splendides, que nous parons d'arbres et de fleurs, dont nous abaissons les collines, dont nous enchaînons les crêtes par des routes, dont nous fouillons une minime profondeur pour en faire jaillir les sources ou lui arracher l'élément, l'âme de nos usines et les métaux qu'elles transformeront ; dans l'eau des mers, des fleuves, des étangs, partout circulent, agissent, ou attendent, des forces immenses dont la découverte successive constitue la plus grande, la plus belle de toutes les sciences, dont l'application lente, difficile, sujette aux tâtonnemens, aux erreurs, modifiera un jour complétement les conditions actuelles de l'existence et les relations des hommes entre eux.

Parmi les découvertes que l'homme a faites dans ces forces mises par la nature à sa disposition, l'emploi de la vapeur à la locomotion est assurément une des plus importantes, une de celles qui auront les plus grands résultats. Sur tous les points où a été posé un rail, sur tous les fleuves où passe un navire à vapeur, la vie humaine s'est prolongée par ce résultat obtenu que les distances se sont amoindries. « *Times is money*, temps est argent, » disent les Américains, et ils ont raison ; quand, au lieu de mettre trois jours pour franchir les 480 kilomètres qui séparent Paris de Lyon, vous n'en mettez plus qu'un, plus que dix-huit ou vingt heures, non-seulement vous endurez moins de fatigues, vous dépensez moins, mais encore vous gagnez deux jours pour vos affaires. Lorsque douze ou quinze jours de navigation par la vapeur suffisent à un trajet qui demandait deux mois dans un navire à voiles, vous obtenez une économie bien plus considérable encore. Les marchandises qui craignent les avaries auront moins à souffrir; les spiritueux, les vins qui éprouvent un coulage auront gagné tout ce que la déperdition ordinaire leur aurait enlevé.

Cependant, quelque important que soit ce double résultat, par rapport aux voyageurs et aux marchandises, c'est le moindre de ceux qu'on retirera un jour de cette découverte. La vapeur tuera la guerre. Regardez autour de vous: des chaussées de gravier, de terre, de sable, s'élèvent sur les plaines; dans les dépressions de terrain, des tranchées sont ouvertes à travers les collines; les montagnes font obstacle, on les perce pour aller en droite ligne, pour abréger le chemin; c'est le niveau que l'on cherche partout. Les douanes séparent deux peuples, leur font des intérêts différens ; des armées d'employés arrêtent les voitures, les hommes et les choses, c'est un pont qui sert de limite. Un pont! la vapeur en a, mais c'est pour ne pas s'arrêter, pour aller plus promptement ; elle les jette sur le ravin, non pas comme barrière, mais comme moyen de passage, elle les rend à leur destination première; ils étaient un lien, les intérêts en ont fait un obstacle, elle brise l'obstacle. Déjà la Belgique et la France ont brisé leur ligne pour laisser passer la vapeur; l'armée douanière est coupée. C'est là un premier pas, un jalon; peu à peu vous verrez le Piémont, l'Italie, la Suisse, l'Allemagne, l'Espagne même, tracer en tous sens des réseaux sans interruption; l'Europe sera parcourue d'une extrémité à l'autre en quelques jours; les rapports des habitans doublés, quintuplés, centupleront; les intérêts se mêleront, se croiseront, s'uniront enfin. Faites donc éclater la guerre entre des peuples qui se voient, se parlent, parcourent les diverses régions qu'ils habitent, et qui ne veulent plus voir cesser des relations dont ils ont besoin !

Des chars armés de faulx parcouraient autrefois les champs de bataille et moissonnaient les soldats; c'étaient les messagers de la mort. D'autres chars aujourd'hui franchissent les frontières, portant les vins, les blés, les soies, les cotons, les laines, ce qui nourrit, ce qui vêt, des fers pour les usines, des houilles pour chauffer l'hiver, desservant le commerce et l'industrie. Ce sont les messagers de la paix. Nous retrouvons sous le sol les traces des voies romaines ouvertes à travers les pays conquis pour porter des armées; des voies nouvelles se superposent à elles pour porter le travail. Oui, la vapeur tuera la guerre!

Les anciens ont connu les effets de la vapeur d'eau; l'existence d'un instrument nommé éolipile, atteste qu'ils l'ont employée, au moins comme preuve à l'appui de théories sur la formation de certains phénomènes. Peut-être retrouvera-t-on quelque part, dans les investigations constantes de la science, quelques traces d'un emploi plus général de la vapeur, comme on retrouve les indices de civilisations ignorées dans des déserts que l'on avait crus jusqu'ici parcourus seulement par des sauvages, mais rien n'a encore révélé cet emploi.

Il y a dans les nations deux défauts, l'un est grave et fatal, l'autre ridicule. Elles repoussent tout d'abord, de prime-saut, sans examen, avec dédain, les inventions qu'elles ne comprennent pas, puis, quand l'inventeur est mort de misère et d'obscurité, que son idée reprise par d'autres a triomphé, elles réclament l'honneur de lui avoir donné naissance.

Les Espagnols prétendent qu'un capitaine de vaisseau de leur nation, don Blasco de Garray, essaya, le 17 juin 1543, à Barcelone, devant l'empereur Charles-Quint, une machine à vapeur qui, établie dans un navire de deux cents tonneaux, lui imprima une vitesse d'une lieue à l'heure; mais que la cherté de l'appareil, la complication de la machine et la crainte des explosions firent renoncer à l'emploi de cette découverte. Les Espagnols affirment que des documens précis sur ce fait existent aux archives de Salamanque.

Quoi qu'il en soit de l'invention du capitaine espagnol, un français, Solomon de Caus, non-seulement a voulu se servir de la vapeur comme puissance agissante, mais encore il a décrit un appareil à élever l'eau, au moyen de la pression de la vapeur, dans un ouvrage intitulé: *la Raison des forces mouvantes*, daté d'Heidelberg, 1615, et publié à Paris huit ans après, en 1623. Dédaigné, méconnu, non compris, emprisonné, Salomon de Caus est mort fou, ou du moins regardé comme tel.

Soixante ans plus tard, le marquis de Worcester écrivit sur le même sujet, et fit des expériences qui ne paraissent pas avoir eu de grands résultats. Il faut long-temps à une idée pour germer et mûrir.

En 1690, Denis Papin entrevoit plus nette et plus précise l'idée de Salomon de Caus; il l'agrandit; il explique la contraction de la vapeur, son expansion sous un piston, la pression de l'atmosphère. Sa machine s'applique à l'élévation de l'eau, à la remorque des navires aux flancs desquels il propose de placer des roues à aube. Il invente la soupape de sûreté. Papin semble n'être incomplet que dans les moyens de production de la vapeur; mais le principe est posé nettement, d'autres l'appliqueront. L'idée du bateau à vapeur date donc de Papin.

A peu près à la même époque, Thomas Savery construisait une machine à élever l'eau au moyen de la vapeur, mais l'effet de cette machine était fort restreint. Deux ouvriers la perfectionnèrent, le forgeron Newcomen et le plombier Cowley, tous deux de Dartmouth. La condensation de la vapeur avait été jusques-là obtenue difficilement, d'une manière incomplète; le hasard se chargea de l'opération; quelques gouttes d'eau entrant dans le cylindre par un trou déterminèrent une prompte condensation et donnèrent l'idée de l'opérer par l'injection.

L'idée ne s'arrêtait plus, des expériences se poursuivaient, des écrits nombreux étaient publiés, mais la vapeur était restreinte aux mines et aux houillères. Ce fut en 1737 que Jonathan Hulls publia une brochure accompagnée d'une planche, dans laquelle il donna la description d'une machine à remorquer les bâtimens ; mais il ne fit pas d'application. Payne, anglais, fait en 1741 des expériences sur la densité de la vapeur, sur de nouveaux moyens de la produire; Gensanne, français, invente, en 1744, un appareil qui ouvre et ferme les robinets qu'il fallait jusques-là ouvrir et fermer avec la main; la régularité est conquise. Mourra, portugais, en imagine un autre dans le même but, en 1751; Fitzgerald, anglais, substitue le volant à un poids, modifie l'axe du balancier; James Watt trouve, en 1769, une méthode qui diminue la consommation de la vapeur et par conséquent la dépense du combustible ; il condense la vapeur dans un vase séparé du cylindre.

La pensée de Papin va recevoir son application; la Saône sera la première frappée par les roues d'un bateau à vapeur; c'est la ville du travail, de l'activité commerciale, Lyon, qui verra une force nouvelle faire des essais dont la réussite doit avoir de si importans résultats.

Montgolfier venait de tenter à Lyon, quelques années auparavant, en 1774, ses premières expériences aérostatiques, qui avaient été couronnées de succès. C'était le premier essai de cette navigation aérienne, objet, depuis, de tant de recherches, qui sera réalisée un jour comme la navigation maritime a été réalisée, d'abord au moyen des rames, puis des voiles, puis de la vapeur, étapes successives de l'humanité, toutes marquées par des martyres.

Les tentatives matérielles de ces deux conquêtes datent de Lyon; la pensée en appartient au monde entier. Le marquis de Jouffroy construit en 1782 le premier vapeur; ce bateau a 41 mètres de longueur, 5 de largeur; il stationne près de la Feuillée; il fait des promenades sur la Saône, remonte le courant, fait un service de Lyon à l'Ile-Barbe.

L'idée mûrissait; en France, en Amérique, en Angleterre, on essaie d'appliquer la vapeur à la navigation. Fulton construit à Paris deux bateaux d'expérience, et en fait l'essai sur la Seine en 1803. Quatre ans après, le 3 octobre 1807, un bateau à vapeur est lancé à New-York, et fait le service entre New-York et Albany, sur un parcours de vingt-six myriamètres (soixante-cinq lieues). Le nouveau monde vient de dépasser l'ancien.

Fulton, mal accueilli à Paris, avait porté son génie à New-York, et c'était lui qui venait de lancer ce bateau ; mais depuis plusieurs années déjà on s'occupait en Amérique d'appliquer la vapeur à la navigation ; Evans, Stevens aîné avaient fait d'importans travaux. Le but allait être atteint quand le succès de Fulton vint trancher définitivement le question. Ces vastes régions de l'Union américaine, qu'un lien politique rattachait les unes aux autres, allaient être rapprochées par la vapeur qui faisait disparaître les distances. Les fleuves larges et nombreux qui, dans de longs parcours, découpent ces terres immenses, les lacs qui dorment sous les montagnes dans de profonds bassins, furent, dès cette époque de 1807, sillonnés par une grande quantité de bateaux à vapeur, et cette navigation prit une extension dont l'Europe n'approche pas encore, à quarante-quatre ans d'intervalle, et que Lyon seule a égalée longtemps après.

Les fleuves vaincus par la vapeur, il restait la mer à soumettre; Stevens le tenta dès 1807, lorsque le privilége exclusif accordé à Fulton dans l'état de New-York, l'amena à quitter cet état; ce fut par mer qu'il transporta son bateau sur la Delaware. Les conditions de la navigation sur les mers ne sont pas les mêmes que sur les fleuves, où les vents, les tempêtes, les lames ne sont pas à redouter; tous ces obstacles furent surmontés, et pendant que l'Europe, armée contre la France, semblait ne songer qu'à la destruction, les États-Unis perfectionnaient les moyens de transport, de civilisation, et en 1815 Fulton établissait le premier service régulier de paquebots; c'était entre New-York et la Providence, dans Rhode-Island, trajet dont une partie se fait en pleine mer. Deux ans après, en 1817, un bateau américain fit en vingt jours la traversée de New-York à Liverpool; en 1818, le service des postes se faisait par un autre vapeur entre New-York et la Nouvelle-Orléans, en passant par Charleston et la Havane.

L'Angleterre cependant faisait des essais. En 1811, Henri Bell construisait sur la Clyde, à Glascow, un bateau qu'il appela *la Comète;* en 1815, un autre bateau anglais faisait la traversée de Glascow à Londres; en 1816, un autre vient de Brighton au Hâvre; en 1820, un service régulier est établi entre l'Angleterre et l'Irlande, de Holyhead à Dublin; en 1825, le steamer *l'Entreprise* va de Londres à Calcutta. La vapeur rapproche les possessions indiennes de la métropole.

La France restait en arrière. Lyon va donner l'impulsion. En 1817, un bateau remorqueur établit un service sur la Saône; il marchait bien, mais à très faible vitesse; il n'avait qu'une roue, placée à l'arrière, système suivi chez nous pendant assez longtemps. C'est de cet essai que datent à Lyon les efforts tentés en grand par la navigation à vapeur. En 1821, quelques steamers, les *Ronflards*, se montrèrent sur la Saône; au lieu d'une roue, ils en avaient deux, toujours à l'arrière, côte à côte. *Le Dauphin* se construit à Lyon en 1824.

En 1827, un grave accident eut lieu à Lyon. un bateau à vapeur amarré en aval du pont de la Guillotière, sur la rive droite, et de la force de cent chevaux, allait faire sa première promenade d'essai; il était chauffé, il était sur le point de partir, on n'attendait plus que quelques invités, lorsque tout-à-coup la chaudière fait explosion avec un horrible fracas, la vapeur se répand, des débris sont lancés sur le quai, dans la rue de la Barre, sur le pont de la Guillotière, et blessent les curieux; les ingénieurs, mécaniciens, chauffeurs, visiteurs, sont tués ou mutilés, jetés dans le fleuve. Ce fut une horrible scène de désolation; le nombre des blessés fut considérable. La fête des Brandons, qui à cette époque se célébrait à Lyon avec quelque éclat, fut immédiatement interrompue; la douleur publique remplaça les joies du carnaval.

Peu à peu les compagnies s'organisaient, montaient des services sur la Saône et sur le

Rhône. 1827 vit établir les *Mâconnaises*. Le transit entre Marseille et Châlon est immense, il offrait un vaste champ à récolter; l'industrie s'y élança. Le premier bateau à vapeur qui descendit le Rhône, de Lyon à Arles, fut *le Pionnier*. En effet, il ouvrait la voie. Sa force était de 40 chevaux; c'était au mois de juin 1829, au moment de la foire de Beaucaire.

*Les Hirondelles* s'établirent en 1830. *L'Abeille, le Français, l'Estafette, le Télégraphe*, en 1832 et 1833.

Parmi les mécaniciens modernes qui ont rendu les plus grands services à la navigation à vapeur, il est juste de citer M. Bourdon, de Mâcon, attaché à l'établissement du Creuzot. C'est un des premiers applicateurs du système tubulaire à la construction des chaudières.

Les premiers générateurs employés dans les bateaux étaient d'énormes boîtes carrées, seulement arrondies à la partie supérieure, ne pouvant pas supporter les grandes pressions et permettant la déperdition d'une grande quantité de calorique; les nouvelles chaudières cylindriques-sphériques, par l'axe desquelles passe une grande quantité de tubes qui, recevant la flamme à leur ouverture inférieure, échauffent l'eau qui les entoure dans la chaudière. Cette forme a permis une pression plus élevée et une plus grande légèreté d'appareil; car, sous un moindre volume, la surface chauffée a été de beaucoup augmentée.

Les immenses cheminées qui embarrassaient les bateaux, qu'on ne relevait qu'avec des treuils, après le passage des ponts, ont été remplacées par des cheminées légères et courtes, qui passent sous les ponts par les eaux moyennes; le tirage que leur donnait la hauteur, a été obtenu par un jet de vapeur qu'on appelle *sifflet*, sous une pression de plusieurs atmosphères.

Puisque nous parlons de M. Bourdon, nous croyons devoir mentionner un nouvel emploi de la vapeur que ce mécanicien a fait au Creuzot, bien qu'il n'ait et ne doive avoir aucune application dans la navigation. Il a créé ou appliqué un outil appelé *pilon*, d'un poids énorme, et qui, sous des jets plus ou moins puissans de vapeur, fonctionne avec une merveilleuse facilité. Tantôt c'est le plus puissant frappeur employé jusqu'ici, et qui permet de forger les plus grosses pièces; tantôt c'est un léger instrument qui brise la coque d'une noix, sans en altérer le fruit.

Cette ville de Lyon, où la navigation éclosait au siècle dernier, modeste et peu puissante, où elle reparaissait trente-cinq ans plus tard, encore à l'état d'essai, cette ville a aujourd'hui une véritable marine, disséminée dans ses ports, sillonnant perpétuellement les eaux du Rhône et de la Saône, ou dont les blessés dorment sur les chantiers. Le nombre de ses vaisseaux s'élève à quatre-vingt-dix, qui présentent une force de près de huit mille chevaux.

# IX.

### Départ de Lyon.

Vous venez de vous embarquer au port l'Epine, sur la rive droite. Vous partez.

Ce rocher de granit, coupé à pic, que vous trouvez sur la même rive, quelques minutes après avoir vu la statue de l'Homme-de-la-Roche, c'était autrefois la base du château de Pierre-Scise, le socle d'une prison d'Etat ; c'est aujourd'hui une carrière. Une prison d'Etat était alors un lieu de détention où l'on vous jetait, non point en vertu d'un jugement, d'une condamnation prononcée par un tribunal, mais tout simplement sur un ordre du roi, d'un ministre, sur une lettre de cachet obtenue par un courtisan,

LYON.

payée par les complaisances d'une femme, ou achetée d'une favorite.

Un mari dont on désirait séduire la femme et dont la présence gênait; un écrivain dont on feignait de redouter les idées; un capitaine qui s'était permis quelque critique sur les opérations d'un général en faveur; un homme que l'on voulait punir de l'indépendance de son esprit; un parent dont on convoitait l'héritage trop lent à arriver; tels étaient ordinairement les hôtes de ces forteresses. On vous avait enlevé pendant la nuit, jeté dans une voiture, vous arriviez dans une prison où votre nom s'échangeait contre un numéro; vous étiez séquestré de la terre. Votre femme, vos enfants, tout ce qui vous était cher, ignorait ce que vous étiez devenu; des ténèbres épaisses entre eux et vous.

Regardez bien ce rocher, il a porté une de ces forteresses. Cette excavation que vous apercevez à gauche, c'était un cachot taillé dans le roc vif, il reste une partie de la voûte et des peintures sur les parois de la muraille. Que de douleurs ont été endurées là! que de cris se sont élevés vers les cieux et ont été étouffés sous le granit ! Vous voyez bien ce petit chemin escarpé, à droite du rocher; c'est la montée du Greillon ; là, de pauvres mères, des épouses en pleurs sont venues roder, s'asseoir sur une pierre et pleurer aux pieds de cette forteresse dont l'entrée leur était interdite, cherchant du regard à toutes les fenêtres de cet enfer de pierres, agitant leurs bras et leurs mouchoirs, lorsque, trompées par leur douleur ou leur amour, elles croyaient apercevoir la figure du prisonnier qu'elles aimaient. C'est de là que partirent Cinq-Mars et de Thou, son ami, pour aller à l'échafaud, en 1642. Cinq-Mars était accusé de relations coupables avec les Espagnols. C'était un caractère léger, ami peu sûr, ne méritant guères l'intérêt qui s'est depuis attaché à lui. De Thou, qui parait n'avoir été initié en rien aux intrigues de Cinq-Mars, paya de sa vie le malheur d'avoir été son ami. Ce château a été démoli par les Lyonnais en 1792.

A quelques pas de là, sur le même quai,

s'élève une petite chapelle qui n'a rien de remarquable, sinon quelques débris de l'ancienne chapelle des moines de l'Observance ; elle touche aux batimens de l'école vétérinaire fondée sur l'emplacement du couvent et continuellement agrandie depuis.

A gauche de cette petite chapelle, s'ouvre une route à lacets qui découpe l'ancien jardin des Observantins, aujourd'hui jardin de l'école. Lorsqu'en 1846 on porta la pioche dans cette colline assez rapide, on crut n'avoir à enlever que des terres ; bientôt on rencontra des murailles, on découvrit des appartemens. C'était une charmante villa romaine, bâtie au pied de la colline, au bord de la Saône et au milieu des jardins. Une des salles renfermait encore une assez grande quantité d'ustensiles de cuisine, des huitres et une tête de cerf ; le parquet d'une autre salle se composait d'une assez belle mosaïque. Elle a été malheureusement brisée ; beaucoup d'objets antiques d'une certaine valeur artistique furent dilapidés ; enfin quelques mesures de conservation furent prises, et l'on a tiré de ce champ de ruines de fort beaux chapiteaux de marbre blanc qui ornent aujourd'hui la galerie inférieure du Palais-des-Arts.

L'incendie a passé sur les villas romaines qui avaient remplacé les habitations gauloises ; le couvent du moyen-âge s'est élevé sur leurs ruines pour faire place à son tour de nouveaux monumens appropriés à une civilisation nouvelle.

Cette route, ouverte sur des débris artistiques, conduit à une fortification moderne, solidement assise sur une base de granit, et dont la construction a changé d'une manière malheureuse l'aspect riant de la colline. Cet ouvrage, qui bat une partie de la ville et un côté de la Croix-Rousse, est tout près du rocher où était le château de Pierre-Scise. Une sentinelle assise sur les ruines pourrait entendre les qui-vive de la sentinelle placée sur les nouvelles murailles. Celles-ci, on ne les démolira pas, mais la civilisation grandissant, les forts devenus inutiles se transformeront en écoles, en hospices pour les malades, en asiles ouverts à des vieillards libres, blanchis dans les travaux de l'industrie, comme les anciens manoirs se sont transformés en usines.

Lyon est ainsi enveloppée de forts, de fortins, de murailles.

La construction de toutes ces fortifications ne résulte que d'un malentendu, d'une erreur de date; on s'est trompé de deux siècles; l'argent qu'on y a dépensé eût doté la France d'un chemin de fer qui eût relié Cherbourg à Toulon, le nord au midi, et dont les revenus eussent permis de diminuer les impôts dont les contribuables sont accablés.

Il y avait au moyen-âge à Lyon une autre citadelle située au-dessus de la rue Neyret, et qu'on appelait Saint-Sébastien. Elle avait été bâtie en 1564 par l'ordre de Charles IX. On y avait transporté tous les canons de l'arsenal, et le roi y entretenait une garnison et un commandant. Le 2 mai 1585, le gouverneur de la ville, Mandelot, d'accord avec les échevins et le peuple, s'empara de la forteresse et désarma la garnison. Le peuple démolit la citadelle et trois mois après il n'en restait pas vestige.

Mais les leçons du passé ne servent à rien.

Derrière cette autre fortification appelée le Fort Saint-Jean, qui s'élève sur votre droite en étages séparés les uns des autres, et au milieu de laquelle est une poudrière, s'étend le plateau de la Croix-Rousse. Ce fort se relie au mur d'enceinte qui enferme Lyon de ce côté et qui va du Rhône à la Saône, mur garni de bastions de distance en distance et percé de trois portes, celle des Chartreux, celle de la Croix-Rousse et celle de Saint-Laurent. Le pont que vous allez traverser est le pont de Serin, le passage n'y est pas gratuit ; il appartient aux hospices de la ville de Lyon.

En face du pont, sur la rive gauche et par conséquent à votre droite, si vous partez de Lyon, cet édifice vaste et bien bâti est l'ancienne manutention des vivres de l'armée ; il a été transformé en caserne, et une autre manutention a été construite un peu plus bas sur le quai Sainte-Marie-des-Chaînes ; le bateau passe devant.

La Croix-Rousse, située à votre droite, est réellement la cité du travail. Ce n'était d'abord qu'un faubourg de Lyon ; elle a grandi en même temps que se développait l'industrie des soieries. L'air pur qu'on y respire, la lumière que n'interceptent pas des maisons trop rapprochées, le bon marché des locations, l'exemption d'abord, ensuite la modicité des droits d'entrée y ont attiré beaucoup de métiers. Elle est devenue une grande cité, et malheureusement les conditions premières des ouvriers se sont modifiées.

La population s'élève aujourd'hui à plus de 20,000 âmes, et le fisc l'a assujétie aux droits d'entrée et d'octroi.

La Croix-Rousse se divise en trois sections : Serin, qui s'étend sur votre droite, le long de la Saône ; le plateau qui comprend le sommet de la colline ; et Saint-Clair, au pied du versant oriental, le long du Rhône.

Serin est particulièrement livré au commerce des vins; c'est, après Bercy, l'entrepôt le plus considérable qu'il y ait en France ; on y trouve aussi de vastes magasins de bois de chauffage et de blés. Le plateau et une portion du versant oriental sont plus spécialement affectés au tissage des étoffes de soie. Saint-Clair compte un assez grand nombre de teintureries, de fabriques de liqueurs, de marchands en détail de toutes sortes.

Le sort de la Croix-Rousse est intimement lié à celui de Lyon. Dès que le travail s'arrête dans la cité mère, il s'arrête également dans la cité voisine.

Cette autre ville qui s'étend en face de Serin, sur la rive droite de la Saône qui baigne le pied des maisons, c'est la commune de Vaise, autrefois faubourg de Lyon, élevée aujourd'hui au rang de cité. Elle a une population de 6,000 âmes. L'inondation de 1840 y a fait d'immenses ruines ; tout un quartier a été emporté.

A Vaise vient finir, en s'abaissant graduellement au nord, la colline de Fourvières. Vaise renferme le vallon de Gorge-de-Loup, l'un des plus gracieux, des plus riants, des mieux arrosés, des plus riches qu'on puisse imaginer. C'est dans ce vallon qu'il est question de percer un tunnel qui relierait le chemin de fer de Paris à celui d'Avignon, travail estimé à vingt-quatre millions.

La Grande-Rue de Vaise est un des points les plus fréquentés de la France; là, viennent aboutir les deux routes de Paris par la Bourgogne et le Bourbonnais, ainsi que la route de Bordeaux.

Vaise a de nombreuses fabriques de liqueurs, des brasseries importantes, des entrepôts de vins, de spiritueux, de bois de construction qui descendent en radeaux par la Saône, des moulins à vapeur, des ateliers de radoub pour les bateaux à vapeur, des tanneries, diverses usines, des fabriques de produits chimiques; elle compte un assez grand nombre de métiers de soieries. Depuis quelques années cette ville a pris une certaine extension vers le vallon de Gorge-de-Loup; elle relève peu à peu les ruines qu'y avait accumulées l'inondation.

Au pied de la colline de Fourvières, quelque temps après la découverte de la villa romaine de l'Observance dont nous avons parlé plus haut, on a trouvé à Vaise un cimetière Gallo-Romain plein de débris précieux. C'est de là qu'est sorti le beau sarcophage de marbre blanc sur lequel est sculptée la marche de Bacchus, qui est aujourd'hui sous la galerie du Palais-des-Arts.

Quand vous avez franchi le pont de la Verrerie et le pont de la Gare, l'horizon s'étend tout-à-coup sur la rive droite, vous découvrez dans toute sa splendeur la colline qui enferme le plan de Vaise, où d'importans travaux ont été déjà exécutés pour l'établissement du chemin de fer de Paris, les belles maisons de campagne qui la parent, la route qui coupe le coteau, le petit temple grec qui la domine, et l'entrée du vallon de Roche-Cardon, vallon étroit, resserré, mais des plus pittoresques, où existe une délicieuse fontaine à laquelle Rousseau a donné son nom.

Vous longez alors la Gare de Vaise, derrière laquelle vous pouvez voir encore quelques arbres centenaires, derniers et magnifiques débris de la Grande-Claire.

Sur la rive gauche, au milieu d'une petite colline verte, s'élève la tour de la Belle-Allemande, monument dont l'histoire est inconnue, sur lequel le roman a brodé quelques légendes qui n'ont pas eu assez d'éclat pour rayonner sur lui. Peut-être la Belle-Allemande dont on a fait une femme éprise d'amour, une prisonnière, une victime, fut-elle tout simplement, au quinzième siècle, la propriétaire de ce domaine, de cette tour qui s'appelait avant elle la Tour des Champs, et à laquelle on aura donné son nom, ce qui était assez dans les habitudes du temps. Le donjon et la propriété qui l'enferme appartiennent aujourd'hui à M. Chapelle, ancien orfèvre; M. Couderc, autrefois député de la gauche, possède à côté une maison qui a fait partie de l'ancien domaine.

Là commence ce paysage charmant, d'une admirable fraîcheur, au travers duquel vous passerez jusques à Mâcon. Sur la rive gauche, couronnant les hauteurs, le bois de la Caille, la petite église de Cuire, surplombant une étroite plaine. Sur la rive droite, près des fours à chaux, qui jetteront la nuit des feux étranges quand les ouvriers placés sur le pourtour y remueront le calcaire avec leurs longues piques, le petit ruisseau qui descend de Roche-Cardon. Plus loin, au milieu d'arbres verts et sombres, de constructions fantastiques, *la Sauvagère*, qui était naguères une fabrique de châles, qui est devenue, hélas! une caserne.

Devant vous, au milieu de la rivière, l'Ile-Barbe, qui porte l'unique pile de son beau pont suspendu. Les marronniers séculaires qui ombragent la partie sud, ses jardins, ses pavillons grimpés sur les rochers, au bord de l'eau, ses maisons élégantes, sa petite église, quelques débris du moyen-âge, font de cette petite île un séjour très agréable et en même temps fort pittoresque.

L'Ile-Barbe fut autrefois, dit-on, consacrée au culte druidique; le christianisme en fit une abbaye, dont le chef fut, sous la féodalité, un riche et puissant seigneur. En

1183, cent vingt églises ou chapelles dépendaient de l'abbaye de l'Ile-Barbe. Ce petit point-là, grâce aux indulgences, aux croisades, au repentir, à la crainte, a étendu sa puissance sur le Franc-Lyonnais, sur la Bresse; son abbé a été seigneur suzerain. Charlemagne serait venu le visiter, à ce que prétend une chronique. Lafayette y fut amené, au milieu de dames charmantes, sur un bateau pavoisé, au son des instrumens, par l'opposition libérale de la restauration, lorsqu'il vint à Lyon en 1829, au retour de son voyage politique à travers la France; voyage qui réveilla tous les souvenirs de la révolution de 1789 et ne fut pas sans influence sur le sort de la monarchie des Bourbons de la branche ainée.

Charlemagne et Lafayette! deux époques, deux civilisations, l'esprit de conquête et de domination, l'esprit de révolution et de liberté.

Deux fois par an, les lundis de Pâques et de Pentecôte, l'Ile-Barbe est le rendez-vous d'une foule immense accourue de Lyon et des coteaux voisins à des fêtes qui ont heureusement survécu à tous les changemens sociaux. Elle est tous les dimanches le but de promenade d'une flotille d'élégantes chaloupes pavoisées de pavillons de toutes nations, de bannières de fantaisie, chargées de jeunes dames, d'habiles canotiers, conduites les unes à la voile, les autres à la rame, et qui portent souvent d'excellens orchestres.

La pointe nord de l'Ile-Barbe appartient aujourd'hui à l'Etat. Le génie militaire a eu la fantaisie de l'acheter, sous prétexte de commander le cours de la rivière et la route de la rive gauche. Il a eu jusques à ce moment le bon esprit de n'y pas faire de travaux de défense.

Le village qui s'élève en amphithéâtre, en face de l'île, sur la rive droite, est Saint-Rambert. Ses terrasses ombragées, ses pavillons, ses kiosques, dominant la rivière, lui donnent un aspect fort original.

De Saint-Rambert partent plusieurs chemins bien ombragés, bordés de fleurs, qui conduisent à Collonges et au Mont-Cindre.

Celui qui mène à Collonges, en suivant la Saône qu'il surplombe, est un des plus pittoresques dans les endroits où il n'est pas cerné par des murailles.

Le Mont-Cindre, que l'on voit parfaitement du paquebot, est couronné par un bouquet d'arbres, une petite chapelle et un ermitage, vieux souvenir d'une époque écoulée. La vue dont on jouit du plateau et des pentes de cette montagne, est d'un grandiose inimaginable. Les campagnes qui s'étendent à ses pieds, Saint-Cyr, Saint-Didier, Saint-Fortunat, Létra, le vallon qui va de Létra à la route de Limonest, sont d'une richesse, d'une beauté dont il est difficile de se faire une idée.

Saint-Cyr, Saint-Didier, Saint-Fortunat doivent une partie de leur richesse à leurs carrières de pierres de taille, d'une teinte grise, dans lesquelles se trouvent d'immenses quantités de coquillages, d'ammonites et de bélemnites, témoignages irrécusables des transformations du globe. Au milieu de ces carrières de pierre grise se trouve un banc de pierre noire mêlée de coquillages blancs ; on l'appelle le *banc riche*. Cette pierre se polit comme le marbre et s'emploie comme lui ; elle est d'un bel effet.

Sur le versant oriental du Mont-Cindre vous voyez le village de Collonges qui descend jusques à la rivière. C'est un des plus beaux sites que l'on puisse rencontrer. Là, s'est conservée dans les cérémonies du mariage une coutume des vieux temps. Quand la jeune épousée revient de l'église, ses amies la reçoivent au dehors de la maison, dans le jardin, et lui apportent un verre et du vin sur un plateau. Elle boit et jette son verre à terre ; s'il se brise, elle sera heureuse en ménage ; s'il reste intact, c'est un pronostic de malheur. Sur cette pente s'étend la belle propriété de M. Bergier, beau-frère de M. Bertholon, représentant de l'Isère. Tout auprès s'est retiré M. Blanc, vieux républicain, auteur de chansons comiques fort originales.

Le groupe de montagnes et de collines qui avoisinent le Mont-Cindre forme ce qu'on appelle le Mont-d'Or, probablement à cause de sa richesse. C'est là que se fabriquent les petits fromages de chèvre qui portent son nom.

Plus haut se trouve Poleymieux, renommé pour ses vins. La nature a tout donné à ce pays. Des flancs de ces montagnes descendent des ruisseaux qui fertilisent. Sous la domination romaine ces eaux étaient amenées à Lyon par des aqueducs dont on retrouve encore les traces à Couzon ; elles descendent aujourd'hui à la Saône en faisant tourner quelques moulins.

En face de Collonges, la rivière est semée d'un groupe d'îles charmantes appelées les Iles d'Island (prononcez *Iland*), séparées par un chenal où trainent de longues plantes dont les fleurs toutes petites, mais en quantité innombrable, forment à la surface un joli tapis blanc.

Là, pas d'habitations comme à l'Ile-Barbe, mais une végétation luxuriante. L'une des îles a été en grande partie plantée de mûriers, ainsi que toute la colline de la rive gauche, par M. Vetter, dont la belle magnanerie se voit très bien du pont du steamer. Ces eaux qui sortent de l'enclos de la magnanerie descendent du plateau de Royes; c'est une partie de celles qu'il a été question d'amener à Lyon.

Au pied de la colline apparaît le village de Fontaines, tout couronné de maisons de campagne. C'est un des plus riches villages du Lyonnais et c'est probablement à ses eaux qu'il doit son nom de Fontaines.

Le pont de la Pelonnière unit Fontaines à Collonges; un chemin pittoresque, suivant la rive droite, conduit du pont à Saint-Romain. Il passe sous un jardin en pente orné de statues de marbre, de colonnes, de stèles, de petits monumens jetés au milieu des arbustes et des rochers. Le créateur de ce jardin est M. Guillot. Un jour, un homme peu amateur des arts trouva que M. Guillot dépensait beaucoup pour des statues et des colonnes de marbre, et baptisa son jardin *la Folie Guillot*. Autant vaut ce nom-là qu'un autre. Mais on a eu le tort de le prendre au sérieux, et, depuis, tous ceux qui ont écrit sur les rives de la Saône ont imité les moutons de Panurge et jeté en passant leurs quolibets ou leurs petites injures à M. Guillot, ont bafoué un homme de mérite, un ingénieur de talent qui a eu la pensée de parer son jardin.

Respectez mieux les fantaisies artistiques qui jettent de la variété dans le paysage.

Saint-Romain est un gracieux petit coin, bien ombragé, bien arrosé; on voit du bateau une longue avenue conduisant à une grande et belle maison, avenue plantée de deux rangées d'arbres bien alignés, bien taillés, bien peignés. Pas une pauvre petite branche qui dépasse les autres; pas une feuille qui se permette de sortir de son rang. Il y en a qui trouvent cela beau. Que voulez-vous? N'a-t-on pas vu des arbres taillés en fromages de chèvre! La nature vaudrait mieux avec ses jets hardis, ses pousses vigoureuses, ses branches s'entrelaçant à l'aventure. Ces arbres laissés un peu à eux-mêmes feraient une magnifique avenue. Le peigne fait joli, la nature fait beau.

Le village qui touche à Saint-Romain est Couzon, que les paysans et les mariniers appellent *Coson*. Dans beaucoup d'endroits on bâtit en pisé, ici toutes les maisons sont en pierre, car Couzon est la grande carrière d'où sont sortis les moëllons d'une grande partie des édifices lyonnais.

Depuis quelques années Couzon est déchu de sa splendeur; la mode a changé, on va chercher ailleurs les pierres à bâtir. Plusieurs de ses carrières n'entendent plus le bruit de la mine, du pic et du marteau; les Couzonnaires, qui passaient avec les sablonniers pour les plus hardis navigateurs de la Saône, sont aujourd'hui sans ouvrage.

On prétend à Couzon que le premier cep de vigne apporté dans les Gaules venait de l'Ile de Cos, et fut planté sur les coteaux de ce village, qui, par reconnaissance, a pris le nom de Coson. Jusqu'ici on a pensé généralement que les Gaulois, nos ancêtres, avaient apporté la vigne d'Italie et non d'une ile de l'archipel, cependant si les habitans de Couzon y tiennent beaucoup, on peut leur laisser cette petite satisfaction. Venue d'un coteau italien ou d'une île grecque, plantée à Couzon ou à Poleymieux, ou en Bourgogne, ou ailleurs, la vigne fut une des belles conquêtes de nos pères, plus durable que les autres; c'est aujourd'hui une des principales sources de la richesse publique en France.

En face de Couzon est Rochetaillée, petit village entouré, lui aussi, de maisons de campagne, dominé par les débris d'un vieux château, autrefois propriété des chanoines de Saint-Jean, ainsi qu'une grande partie de la contrée. Ce fut en 1151 que le sire de Villars engagea ce château, et le péage de Rochetaillée à l'abbé de l'Ile-Barbe, sénéchal de l'église de Lyon, au nom de laquelle il stipulait.

Une fabrique de bleu a été établie à Rochetaillée par M. Guymet, qui a donné son nom à son invention.

Le pont de Couzon unit les deux coteaux. Sur toute cette ligne, depuis Fontaines jusques à Neuville, sont placées des indienneries alimentées par les cours d'eau descendant des collines et qui occupent de nombreux ouvriers.

Un peu plus haut, sur la rive droite, est le village d'Albigny, qui doit son nom au séjour qu'y fit Albin, lorsqu'il commandait les légions de la Gaule. Là, il avait sa villa splendide comme un palais, des jardins magnifiques, théâtre de ses travaux et de ses plaisirs; c'est là qu'il venait se reposer après ses expéditions; là, sans doute, qu'il fut salué empereur par les légions et les Lyonnais, alors que les prétoriens mettaient l'empire à l'encan.

Il y séjourna à son retour de la Grande-Bretagne, lorsque, associé à l'empire par Septime-Sévère et le sénat, il préparait sa marche vers l'Italie. Il fut arrêté sur la rive opposée par la mort, qui elle aussi, dispose des couronnes.

Un château féodal a remplacé la villa d'Albin, pour tomber à son tour. Le sol a vu s'écrouler les grands édifices, il a gardé sa richesse et sa beauté.

On va par un joli chemin d'Albigny au pont de Neuville, petite cité, la dernière du département du Rhône, de ce côté. Ce fut autrefois une paroisse appelée Vimy, qui dépendait de l'abbaye de l'Ile-Barbe, à qui Conrad l'avait donnée en 971. Les sires de Viliars s'en emparèrent; un de leurs successeurs la rendit en 1186 avec d'autres communes qui plus tard firent partie du Franc-Lyonnais dont Vimy devint la principale place. Lorsque Edouard, seigneur de Beaujeu, fut arrêté et enfermé au Châtelet de Paris, pour ses crimes et ses violences, et que la Dombes reniant sa suzeraineté se mit sous la protection du comte de Savoie, en 1398, Vimy suivit cet exemple, ainsi que Pochetaillée et l'Ile-Barbe, bien que tous trois fussent du Franc-Lyonnais.

En 1610, un teinturier de Lyon, nommé Laure, établit à Vimy un moulinage de soie. Il ne demanda pas de titres de noblesse; en 1666, Camille de Neuville, alors archevêque de Lyon, obtint du roi des lettres patentes qui érigeaient Vimy et plusieurs communes et terres environnantes en un marquisat qui prit le nom de Neuville. Le prélat y fit bâtir un château et planter un parc.

Depuis trente ans le parc a été découpé en petites propriétés; les arbres ont été abattus; le blé a remplacé le gazon; du château il ne reste rien. Le moulinage de soie y est encore.

Une avenue de beaux peupliers d'Italie sert d'entrée à la ville, du côté de Lyon, et une fabrique de plomb de chasse élève près du rivage son haut minaret. Il y a deux manufactures de coton filé, une de ratines très estimées, des blanchisseries et indienneries, des métiers de soieries. Neuville a 1,800 habitans; elle est le dimanche un but de promenade pour les Lyonnais, et durant la belle saison le séjour de quelques malades qui y boivent des eaux ferrugineuses.

TRÉVOUX.

# X.

Trévoux. — Bataille des Légions. — Rivière d'Azergue. — Anse. Villefranche. — Montmelas. — Coteau Beaujolais. — Vignobles.

Cette petite ville, bâtie en amphithéâtre, dont les maisons et les jardins, également suspendus sur une pente peu élevée mais très rapide, séparée de la rivière par la largeur du quai, présentent un aspect très pittoresque, cette petite ville est Trévoux. C'était un petit point à l'époque romaine; il devint un village sous la féodalité; il échut en partage en 1300 à Villars, archevêque de Lyon, qui, voulant en faire une ville, donna des franchises à ses habitans. Partout la liberté appelle les populations.

Trévoux a eu ses vicissitudes, ses combats.

Obéissant à l'intolérance religieuse, elle a chassé quelques juifs qui y faisaient le commerce en 1429; malgré les murailles qui la défendaient alors, elle a été prise par escalade et pillée, en 1431, par François de La Palu, seigneur de Varambon.

Devenue capitale de la principauté de Dombes, Trévoux eut un parlement qui y fut établi en 1696, un hôtel des monnaies. Les ruines qui dominent la cité sont les débris du château des gouverneurs.

Trévoux a acquis une certaine célébrité par l'édition des mémoires sur les sciences et les beaux-arts, connue sous le nom de *Journal de Trévoux*, ainsi que par son dictionnaire.

Trévoux est aujourd'hui chef-lieu d'arrondissement du département de l'Ain. Sa situation pittoresque est à peu près sa seule beauté; ses environs sont fort riches.

Cette ville a trois foires : le 2 janvier pour les bestiaux, le 6 mai pour les bestiaux et les graines, à la Sain.-Martin pour les vêtemens d'hiver.

Le pont élégant, qui la relie au département du Rhône, a été construit en 1850. Le bâtiment qui est sur le quai, à l'extrémité nord de la ville, est l'hôpital.

Aux ouvrages de fascines, destinés à redresser le lit de la rivière, ont été ajoutés des travaux plus importans, et une belle digue submersible, en amont de Trévoux, retient depuis peu d'années les eaux de la Saône dans leur lit.

En face de Trévoux est une île gracieuse, où s'élèvent de beaux peupliers d'Italie. Corbeille de verdure au milieu des flots, cette île garde un triste souvenir; c'est là, sous ces arbres, que se dressa un jour le hideux échafaud, et que le malheureux Valansot, condamné à mort par la cour prévôtale de Lyon, fut guillotiné en 1817.

Il avait été amené de Lyon sur la charrette du bourreau; arrivé sur la berge où une barque attendait l'horrible cortége, il trouva son fils qui était venu lui dire un dernier adieu. Là se passa une scène déchirante: après avoir embrassé son pauvre père qui n'avait plus que quelques instans à vivre, le fils voulait fuir, n'être pas témoin du supplice, aller cacher sa douleur et ses larmes ; Valansot ne voulut pas se séparer de son fils, il le pria, il se cramponna à lui. Après une résistance dans laquelle se peignait tout son désespoir, le fils obéit aux volontés du mourant, il passa avec lui le bras de la rivière, aborda sur l'île, où son père tomba un moment après sous le couteau. Qu'on juge de l'affreuse douleur d'un fils témoin impuissant de la mort de son père sous le fer de la guillotine !

Les flots ont lavé le sang, ils n'ont pas effacé le souvenir.

L'humanité marche à travers les discordes civiles ; pas un coin de terre qui n'en redise les annales. Sur ce plateau qui s'étend des hauteurs de Trévoux vers la Croix-Rousse, et du Rhône à la Saône, fut livré en 197, entre Albin et Septime-Sévère, le combat appelé la bataille de Lyon, qui affermit la couronne impériale sur le front d'un africain.

L'empereur Commode, une des hontes de Rome, avait été empoisonné, puis étranglé, le poison n'agissant pas assez promptement ; son successeur Pertinax avait été massacré par les prétoriens ; l'empire fut mis aux enchères, Didius Julianus en obtint l'adjudication en promettant des largesses aux soldats. Les légions n'entendaient point qu'on leur frustrât leur part ; elles nomment en même temps trois empereurs : la légion d'Orient Pescennius Niger, les légions d'Illyrie Septime-Sévère, les légions des Gaules Clodius-Albin. Niger trône à Bysance, Albin à Lyon, Sévère marche sur Rome à la tête de ses légions recrutées de Pannoniens. Julianus est mis à mort, Sévère reconnu empereur, Albin associé à l'empire. Sévère s'élance sur l'Orient, défait Niger, envoie sa tête à Rome, prend Bysance et revient sur l'Italie.

Albin, qui avait quitté sa délicieuse villa d'Albigny, où il faisait marcher de front ses plaisirs et ses travaux littéraires, et qui était dans les provinces britanniques, repasse en Gaule et veut marcher sur Rome pour s'y faire proclamer empereur. Sévère a jeté le masque, il s'avance contre Albin ; et cent cinquante mille hommes se heurtent sur ce plateau qui suit les contours de la Saône.

Albin perdit la bataille et la vie ; les Lyonnais s'étaient déclarés pour lui, lui avaient donné des secours d'hommes et d'argent ; leur ville fut ravagée, plusieurs furent mis à mort, leurs biens confisqués. « Le crime de lèse-majesté, dit Châteaubriant, fut inventé comme une loi de finances ; il entraînait la confiscation des biens. Sous prétexte de punir les partisans d'Albin, Sévère fit mourir un grand nombre de sénateurs dont les richesses étaient énormes. »

Refaites donc des rois !

Bien que de nombreux débris et les témoignages d'anciens historiens semblent ne laisser aucun doute sur le lieu où se livra ce combat qui décida quel maître aurait l'empire romain, les auteurs ne sont pas d'accord sur ce point ; plusieurs placent le champ de bataille sur la rive droite de la Saône, et plus près de Lyon. Partout on retrouve des restes d'hommes et des fragmens d'armure. Demandez donc, après seize siècles, aux ossemens soulevés par la charrue pour quelle cause ils sont là !

Hélas ! un soldat de nos amis, qui a pris part à la bataille de Rivoli gagnée par l'armée de la République, repassant quelques années après sur ce plateau fameux, ne reconnaissait plus au milieu des champs cultivés l'endroit où s'était développé le régiment de cavalerie dans lequel il servait ; les paysans du pays qu'il interrogeait ne savaient pas même où l'action avait eu lieu. Partout la nature se charge de réparer les désastres de la folie humaine.

Trévoux dépassée, la Saône fait un angle aigu et le steamer marche droit sur l'ouest ; vous voyez les terres rougeâtres qui donnent les bons vins de Lachassagne, et vous apercevez bientôt l'embouchure de l'Azergue, rivière qui descend des montagnes de Tarare, reçoit la Turbine et la Brevenne, arrose la charmante vallée de Châtillon, se glisse à travers les collines et arrive, en se repliant sur elle-même, après de longs détours, jusques à Anse, d'où elle coule vers la Saône.

Cette rivière si coquette, si gracieusement encaissée, qui donne d'excellentes truites, devient quelquefois, dans la saison des pluies, ou au moment de la fonte des neiges, un torrent fougueux qui dévaste tout sur son passage, et la ville d'Anse, dont elle baigne l'extrémité sud, a eu souvent à souffrir de son voisinage. Vous pouvez du haut du tillac apercevoir les édifices de cette petite ville, bâtie sur la route nationale de Paris à Lyon, ancienne cité romaine, station des légions où l'on retrouve chaque jour sous la pioche ou sous la charrue, de magnifiques débris d'une splendeur qui n'est plus.

Le débris de l'époque romaine le plus récemment découvert est une très belle mosaïque enfouie dans un champ.

Durant l'époque féodale, six conciles ont été tenus à Anse en moins d'un siècle, de 1025 à 1112. Cette ville faisait partie des domaines des sires de Beaujeu; comme tout le pays, elle eut à souffrir de leurs guerres perpétuelles avec leurs voisins; elle fut ravagée plusieurs fois, et ses murailles ne la sauvèrent pas en 1408 où elle fut prise par le seigneur de Viry qui conduisait la petite armée envoyée par le duc de Bourgogne, Jean-sans-Peur, pour ravager les domaines du duc de Bourbon, seigneur du Beaujolais.

La ville d'Anse a aujourd'hui deux mille habitans, six foires annuelles, un marché important tous les vendredis. Le sol y est très fertile et l'air très pur. Il y a des carrières qui donnent de belles pierres de taille.

C'est sur le pont d'Anse que le malheureux Tavernier, condamné par la cour prévôtale, en 1817, fut guillotiné le même jour que Valansot l'était dans l'île de Trévoux.

Vingt-huit condamnations à mort furent prononcées; la guillotine se promena dans les campagnes, et près d'Anse, le village de Charnay vit tomber une autre tête.

Un peu plus haut apparaissent quelques maisons de Villefranche, ville du moyen-âge dont l'église est le seul monument remarquable, et qui est traversée par le Morgon, torrent capricieux qui cause parfois de grands désastres. C'est le chef-lieu du premier arrondissement du département du Rhône.

Villefranche se composa, dans le principe, d'une tour où les sires de Beaujeu, maîtres du pays, faisaient percevoir les droits de péage du grand chemin de Bourgogne à Lyon ; des maisons s'élevèrent autour et peu à peu une ville fut créée. Guichard I*er*, sire de Beaujeu, accorda, en 1151, à Villefranche des franchises municipales. Plus d'un siècle après, Humbert III voulant appeler la population dans la nouvelle ville, concéda à ses habitans des priviléges plus étendus, mais qui furent souvent méconnus.

Villefranche a toujours souffert des mêmes maux que le Beaujolais dont elle était la capitale, des mêmes désastres que Lyon dont elle est si rapprochée. En 1434, elle fut assiégée par les troupes du duc de Bourgogne, mais elle résista et ne fut pas prise. En 1465, le duc de Bourbon, seigneur du Beaujolais, étant entré dans la ligue des princes contre Louis XI, dite *ligue du bien public,* Villefranche fut attaquée par Galéas, fils du duc de Milan, qui avait amené des troupes au secours du roi; elle fut prise et ravagée, ainsi que tout le Beaujolais. Elle fut dévastée en 1562 par le baron des Adrets qui vint l'attaquer après son entrée à Lyon; quelque temps après, la peste décima ses habitans. Ses franchises ne furent pas plus respectées que sa tranquillité, et elle fut obligée de s'adresser au roi pour les faire garantir contre les violations des sires de Beaujeu.

Villefranche a renversé ses vieux remparts; elle a aujourd'hui près de huit mille habitans, sans compter ceux de trois communes qui la joignent et qu'elle veut envelopper dans son rayon. C'est un grand marché. Là sont vendus, tous les lundis, les bestiaux qui approvisionnent Lyon et ses environs, les vins, les chanvres, les lins, les cotons, les toiles faites dans les montagnes. Cette ville a des fabriques de tissus, des teintureries, des indienneries, des tanneries.

Une chose digne de remarque, c'est que le département du Rhône est la patrie du tissage des étoffes. Il en a toutes les variétés: à Lyon, dans les trois villes qui l'enveloppent, et dans toute la partie méridionale, les soieries; au nord, à Villefranche, à Thisy, les toiles de fil et de coton; Tarare réunit les deux industries et joint les peluches aux mousselines qui font sa gloire et sa richesse.

Au-dessus d'Anse, ont commencé les coteaux fertiles en vins qui couronnent Villefranche.

Toutes les dames de Villefranche sont un peu révolutionnaires, on le dit du moins, et leur amour pour la révolution s'explique par la reconnaissance qu'elles lui doivent. Les priviléges donnés par Humbert III aux habitans de Villefranche étaient assez étendus; entre autres, il leur était permis de battre leurs femmes autant qu'ils le voudraient, sans que la justice seigneuriale pût leur intenter aucune action, si mort ne s'ensuivait pas. Ils étaient probablement de trop bons maris pour user de ce droit, mais il était très humiliant pour les dames de le voir écrit dans les chartes, aussi ont-elles dû bénir la révolution qui l'a effacé.

En avant de Villefranche, au-dessus des

bois, dominant la plaine, s'élève à peu près tel qu'il fut dans les siècles passés, le château de Montmelas, vieux manoir féodal, place de guerre des sires de Beaujeu, resté debout à travers les révolutions, restauré après les injures du temps. Ses tourelles placées aux angles semblent encore abriter les sentinelles veillant de tous les côtés de peur de surprise, et sa haute tour crénelée regarde si le duc de Savoie ne vient pas à la tête de son armée surprendre la Dombes, sur l'autre rive de la Saône.

Il n'y a plus ni surprises à craindre, ni duc de Savoie à surveiller; derrière et au-dessus du manoir est un télégraphe. Le frêle pignon qui porte la pensée domine aujourd'hui les crénaux de la féodalité qui interceptait les routes.

Notre ami Leymarie, enlevé bien jeune à la science et aux arts, a laissé un dessin plein de poésie du château de Montmelas dans l'*Album du Lyonnais*, publié par M. Léon Boitel. Le livre de la vie n'est qu'un martyrologe, à chaque pas nous pouvons compter une perte.

D'autres châteaux se dessinent de loin en loin sur les bois, mais transformés, appropriés à une nouvelle civilisation, à des besoins nouveaux. Les fossés comblés sont devenus des jardins, et le pont-levis a fait place à la grille moins lourde et plus élégante. Tous ces coteaux de la rive droite sont plantés de vignes; derrière eux s'étendent des vallées, s'élèvent d'autres collines également couvertes de pampres; c'est là que murissent ces vins généreux du Beaujolais, les Saint-Etienne, pelure d'oignon, les Juliénas qui enivrent vite, les Brouilly, les Odenas corsés, et vingt autres crûs en renom. Parfois, sur le penchant d'un coteau, on aperçoit de longues constructions percées de larges portes. Ce sont les caves, les magasins des vinicoles; de nombreux tonneliers y travaillent, les voitures y circulent à l'aise; là sont rangés avec ordre les foudres, les tonneaux; là viennent les acheteurs de Lyon et surtout les grands acheteurs de Paris, dont l'arrivée est toujours attendue avec impatience, la venue accueillie avec joie, car ils apportent la richesse.

Les vins achetés sont conduits sur les ports d'embarquement, devant lesquels vous passez pour être dirigés soit vers Lyon, soit vers la capitale par les canaux. De temps en temps on retrouve, au milieu de vastes forêts, des châteaux isolés, mais la vigne qui s'étend leur enlève chaque année une partie de leurs ombrages.

# XI.

## La Dombes.

Sur la rive opposée, au sommet de cette longue côte, s'étend la Dombes, ancienne principauté, objet de nombreuses contestations et qui a changé souvent de souverain. Ce qui n'a malheureusement pas changé, c'est l'insalubrité du pays; la fièvre y a élu domicile, comme le choléra dans certaines parties de l'Asie. Le sol est couvert d'étangs poissonneux, dont les eaux retenues par des fascines enduites de glaise s'élèvent parfois au-dessus du niveau des routes qui vont d'un village à l'autre. Les prés tremblent sous les pieds et on ne doit s'y engager qu'avec précaution, car on court risque d'y enfoncer profondément. Les terres restent couvertes d'eau pendant trois années, le poisson y grandit; après ce laps de temps, on procède à la pêche, et l'on fait, au moyen de vannes, écouler les eaux sur d'autres champs. Les terres asséchées sont alors livrées à la culture; fertilisées par les détritus, elles donnent d'abondantes récoltes, jusqu'à ce qu'elles soient de nouveau mises en étang. Mais le soleil, qui échauffe ces terres si long-temps inondées, en dégage des miasmes qui altèrent les sources de la vie.

Dans certains cantons que la fièvre ne quitte jamais, on est vieux, courbé, étiolé, épuisé à trente ans, et il est rare que la vie se prolonge au-delà de trente-cinq ans. C'est à ce prix qu'on fournit à Lyon les poissons amenés aux bachots de la Pêcherie.

Depuis long-temps on agite la question de l'asséchement de la Dombes; en 1512, le duc de Savoie fit achever le desséchement du marais des Echets par un fossé qui en amena les eaux dans la Saône, près de Rochetaillée. Il fut converti en prairie, et le duc y fit bâtir un château. Hélas! la prairie est redevenue un marais, rendez-vous de tous les chasseurs lyonnais. Le château n'est plus; ce qui reste de ses murailles protége une petite ferme et un cabaret. Cet endroit s'appelle aujourd'hui *Paul Singe;* il est sur la nouvelle route de Lyon à Bourg, par Villars. Villars, encore un nom fameux dans les annales de la Bresse et de la Dombes.

Aujourd'hui l'opération ne présenterait pas de difficulté sérieuse, et, à l'exception d'un petit nombre, les étangs seraient mis à sec par l'ouverture des vannes, les eaux s'écouleraient promptement vers la Saône par les lits des ruisseaux. Mais les intérêts divers et opposés sont difficiles à concilier; tel habitant a sur l'étang un droit d'évolage qui représente le dixième, le vingtième, ou une autre fraction du poisson pêché, et n'a plus rien sur la terre mise en blé; tel autre a une portion de la récolte, ou la récolte entière des céréales, et beaucoup moins sur l'étang. Telle est la véritable difficulté qui, jusqu'à ce jour, a empêché la solution d'une question d'humanité. Les populations chétives de la Dombes laissent à leurs enfans leur héritage de poissons et de fièvres incurables.

En 1851, une commission, à la tête de laquelle se trouvait M. Dufaure, ancien ministre, a traversé ce malheureux pays afin d'étudier les moyens d'assèchement, ou plutôt les intérêts qui se rattachent à la conservation des étangs et empêchent l'assainissement du pays. Présentera-t-elle un projet de solution? Il faut bien long-temps à l'homme pour améliorer la condition de ses semblables.

Il y a à l'orient de la Dombes, une toute petite ville, Pérouge, qui, vue d'entre Meximieux et la rivière d'Ain, est d'un effet très pittoresque. Elle semble isolée sur un pic élevé auquel on ne sait comment arriver. En se rapprochant, les difficultés disparaissent. Elle a été au moyen-âge très fortifiée et a soutenu un siège qui l'immortalise. C'était en 1468; les Dauphinois en guerre contre Philippe, comte de Bresse, fils du duc de Savoie, vinrent assiéger Pérouge; les habitans se défendirent avec tant vigueur et de succès qu'ils forcèrent l'ennemi à lever le siége. Une inscription latine a éternisé ce fait d'armes. Elle est trop curieuse pour n'être pas rapportée. M. de la Teissonnière, dans son ouvrage sur le département de l'Ain, l'a donnée avec de légères variantes ; la voici telle qu'on la lisait encore il y a quelques années à Pérouge, sur une espèce de volet rouge :

*Perugiæ Perugiarum, urbs imprenabilis. Coquinati Delphinati venerunt et voluerunt eam prendere et non potuerunt, et importaverunt portas et gonos. Diabolus importat illos !*

« Pérouge en Pérougis, ville imprenable. Les coquins de Dauphinois sont venus pour la prendre, ils ne l'ont pas pu, et ils ont emporté les portes avec les gonds. Que le diable les emporte à leur tour ! »

On ne comprend pas bien comment les Dauphinois ne sont pas entrés dans la ville après en avoir pris les portes avec les gonds, mais ce qui valait mieux que l'inscription c'est que le comte de Bresse, pour récompenser les Pérougiens, leur concéda pour vingt ans une exemption de tous péages, gabelles, leydes, coponage et autres droits analogues, dans toute l'étendue de son apanage, par acte public de 1469. Pérouge n'est plus qu'un village.

Riottier, Beauregard, Fareins, Montmerle semblent sur les bords de la Saône des sentinelles qui gardent la Dombes, et ce fut en effet, au moyen-âge, le rôle de ces villages tous surmontés de châteaux forts. Chacun de ces petits points a eu son importance guerrière, a vu des armées se ruer contre ses murailles, a étouffé les cris des femmes enlevées, a vu se partager les dépouilles des malheureux paysans, a entendu compter l'or des rançons. Tous ont été assiégés tour-à-tour par les Bourguignons, les sires de Beaujeu, les Dauphinois, les comtes et les ducs de Savoie. Tous ont protégé sur la rivière les péages arbitraires auxquels on soumettait les marchandises qui empruntaient cette voie; tous aujourd'hui ont des ponts suspendus, élégans, qui unissent sous la même loi le *royaume* à *l'empire*, noms conservés par les mariniers pour désigner la rive droite qui relevait du roi de France et la rive gauche qui a relevé de l'empereur d'Allemagne. Dans quelques traités et actes relatifs à des cessions de droits, la zuraineté de l'empire est indiquée comme s'étendant sur la Saône jusques au pont de Pierre, à Lyon.

Montmerle voit aujourd'hui des plantations de mûriers grandir et prospérer, des vignes se couvrir de pampres dans les champs occupés autrefois par des Chartreux inutiles; et sa foire du mois de septembre, qui dure quinze jours, attire chaque année une grande partie des habitans du sud de la Bresse, sur les bords de la rivière qui voiture les marchandises dont ils viennent s'approvisionner. Les ruines du château ortifié de Montmerle, sur cette crête élevée, ont donné long-temps au paysage un aspect pittoresque. Les étapes de la civilisation sont partout marquées par des débris. Ce mamelon a pris depuis peu une tournure plus coquette; au-dessus des vignes, sur le point culminant, s'élève une autre tour, bien parée, bien luisante; le belvédère de la bourgeoisie à la place de la tour crénelée. Un petit clocher octogone, en pierres blanches, sur un mamelon moins élevé, se dessinant sur les vignes, complète le tableau.

## XII.

Îles d'Albigny. — Ile-Belle. — Iles de Guerreins. — Belleville. — Beaujeu. — Thoissey.

Tout préoccupé d'Albin et du sort de l'empire romain, nous avons passé devant les iles d'Albigny sans les signaler, quoiqu'elles soient des plus gracieuses. Il y en a trois ou quatre, fort longues, entourées parfois d'un bras puissant de la Saône, quelquefois n'étant séparées du rivage que par un mince filet. L'une d'elles est précédée d'un moulin qui tourne au moyen d'une coupure pratiquée dans le barrage, en face d'une anse peu large mais assez étendue. Tout cela forme un très gracieux tableau.

N'était-ce pas là que se trouvaient les jardins d'Albin, que les flots auront séparés de la terre ferme, en emportant les ponts qui les y unissaient? Nous serions disposé à le penser.

Au-dessus des iles d'Albigny, et avant d'arriver à celle de Trévoux, on rencontre, non pas la plus grande, mais assurément la plus gracieuse de toutes les iles de la Saône, on la nomme l'Ile-Belle, et certes, elle mérite son nom. Il n'y a pas d'habitations, mais une végétation magnifique. Les hauts peupliers dont elle est plantée, quand ils projettent leur grande ombre, font du passage qui longe la rive droite, un paysage calme, sombre, sévère, mais d'une admirable beauté. Il y a long-temps déjà que nous avons, pour la première fois, remonté la Saône de ce côté ; ce paysage nous a tellement frappé par sa vigueur, qu'il n'est jamais sorti de notre mémoire, et, plusieurs années après, nous l'avons reconnu avec un vif plaisir, à l'exposition, dans une toile fort bien peinte. A ceux qui aiment la belle nature et la solitude, nous conseillons un petit voyage à l'Ile-Belle.

De nouvelles iles sont jetées au milieu de la rivière près de Belleville ; ce sont les iles de Guerreins, bien posées, bien vertes. On en a coupé les plus beaux arbres, et elles attendent que le temps les leur rende. Sur ce sol fertile, le temps va vite.

Belleville qui est tout près, sur l'Ardière, a la prétention d'être une ancienne cité romaine, marché des légions, qui aurait été ruinée par les Sarrasins. Rien ne prouve comme rien ne dément la vérité de cette assertion, il n'est rien resté sur le sol qui atteste l'existence d'une ville romaine ; on retrouve dessous, comme partout dans ce pays, des monnaies et des urnes qui datent de seize à dix-huit siècles.

L'église de Belleville, en style romano-byzantin, bien conservée, est une des plus belles de la contrée, elle date du 11$^e$ siècle. Les coteaux se sont éloignés ; Belleville est bâtie dans une plaine, sur la grande route qu'elle gardait alors qu'elle appartenait aux sires de Beaujeu ; comme les domaines de ces seigneurs, elle a souffert les vicissitudes de la guerre et a passé sous la domination de divers maîtres. Elle fut assiégée et eut ses murailles renversées, en 1434, par les troupes bourguignonnes. Belleville est aujourd'hui un grand entrepôt des vins du Beaujolais, elle fabrique des tonneaux et des toiles de chanvre et de lin.

Elle a sur la Saône un port ou affluent des bateaux chargés de vins, de bois, de pierres blanches tirées de carrières voisines. Un beau pont, une petite vanne à l'embouchure d'un ruisseau, et les méandres de peupliers qui le bordent vous indiquent la direction de la ville que vous ne voyez qu'imparfaitement.

L'inondation de 1840, qui a causé de si grands désastres sur tout le littoral de la Saône, a détruit cent quatre-vingt-dix maisons et de vastes magasins de vins dans cette ville.

En 1701, David Comby, de Belleville, qui était né pauvre, qui avait connu la misère et la souffrance, puis qui s'était enrichi par le travail, dans une maison de commerce de Lyon, laissa tous ses biens, qui étaient considérables, aux deux grands hospices de Lyon, à la charge par eux de recevoir à perpétuité douze enfans pauvres de Belleville, orphelins, s'il y en a, ou autres, de les élever jusqu'à l'âge où ils pourraient être mis en apprentissage aux frais des héritiers. A la mort ou à la sortie d'apprentissage de l'un de ces enfans, il devait être remplacé par un autre, en sorte que le nombre de douze fût toujours complet.

Il paraît que les clauses de ce testament ne sont plus ponctuellement remplies par les hospices. Un pauvre ouvrier tisseur de Lyon, natif de Belleville, nommé Bourdy, qui a souffert, lui aussi, la misère et les privations, réclame en faveur des malheureux de son pays; une action a été intentée aux hospices, au moyen d'une souscription ouverte pour payer les frais de la procédure. On nous assurait dernièrement que les personnes qui prennent parti pour les hospices cherchaient à donner à cette affaire une couleur politique. C'est une faute. Nous ne sommes pas appelé à juger entre les parties, mais, pour Dieu ! ne jetez pas une question d'humanité sur le terrain brûlant des passions politiques.

*A tout venant beau jeu.* — Telle était, au moyen-âge, la devise de cette ville qui ne se mire pas dans les flots, mais qui est assise au milieu des vignobles, sur la route du Charollais et de la Loire, à quelque distance de la Saône. Plus de deux siècles se sont écoulés depuis que sont tombés du sommet qui domine la ville, les murs crénelés et garnis de meurtrières, les tours solides du château, résidence ordinaire des sires de Beaujeu. Ce château avait une origine fort ancienne, car Charles-le-Simple le donna, ainsi que le gouvernement de la contrée, à un cadet des comtes de Flandre, afin qu'il réprimât les excès que commettaient les seigneurs de Turvéon, cette autre montagne conique, l'une des plus élevées du pays.

Ce mont aux flancs escarpés, au sommet étroit, sur lequel se dressait une forteresse redoutable, entourée d'un large fossé, a pris son nom de deux mots latins accouplés : *tur-*

*res vehens*, « portant des tours ou surmonté de tours. » Il est probable qu'on l'a d'abord appelé Turvéen, dont a fait plus tard Turvéon. Les seigneurs de ce lieu se livraient à toutes sortes de brigandages, d'exactions, de vols, chose fort commune alors de la part des Francs contre les Gaulois conquis.

Les sires de Beaujeu héritèrent du cadet de Flandre, et l'un deux s'empara par trahison de la forteresse, derrière les murailles de laquelle le seigneur de Turvéon, le prince Ganelon se croyait en sureté. Ganelon fut mis dans un tonneau garni de pointes et précipité du haut du Turvéon; supplice affreux, assez usité à cet époque, si l'on en croit les légendes de la Bresse et du Bugey. Les hommes ont toujours eu beaucoup d'imagination pour inventer des tortures. Le château de Turvéon fut démoli de fond en comble; ses débris ont servi à construire les maisons des vignerons de la vallée de l'Aminié.

Ganelon mort, les paysans du Beaujolais n'en furent guères plus heureux, et les sires de Beaujeu des trois races, Beaujeu, Forez et Bourbon, toujours en guerre avec les archevêques de Lyon, les abbés de Cluny, les sires de Bagé, les comtes de Mâcon, pillaient et pressuraient les habitans, pour fournir soit aux besoins de leurs troupes, soit à leurs plaisirs. Ce Beaujolais, une des plus riches contrées de la France, dont les habitans ont un caractère vif, enjoué, spirituel, a été pendant plusieurs siècles ravagé par tous les brigands couronnés, porte-cuirasse, porte-lance, dont les domaines l'entouraient ou l'approchaient.

Les seigneurs du Beaujolais étaient puissans, et leur force leur assurait l'impunité de leurs crimes à une époque d'anarchie féodale. Cependant le dernier des sires de Beaujeu de la deuxième souche, Edouard, fut, sous Charles VI, arrêté, amené devant le parlement de Paris, condamné et enfermé au Châtelet. Il obtint sa grâce ; à peine de retour dans ses domaines, il enleva une fille de Villefranche. Fille de vilain, ses parens eussent en vain réclamé ; elle était noble, son père, M. de Bessée, porta plainte ; le sire de

Beaujeu fut de nouveau mandé devant le parlement qui lui envoya un huissier à Villefranche. Edouard contraignit le malheureux huissier à avaler le papier qui portait l'arrêt, avec le sceau dont il était revêtu, après quoi il le fit jeter par une des fenêtres du château. Des troupes royales vinrent l'assiéger, le prirent à Perreux ; il fut reconduit à Paris ; menacé de la peine des assassins, il implora la protection du duc de Bourbon, qui le tira de ce mauvais pas.

La justice ne fut pas satisfaite, le meurtre ne fut pas puni, mais le duc de Bourbon y gagna la seigneurie du Beaujolais, dont Edouard, qui n'avait pas d'enfant, l'institua héritier. M. de Bessée fut pourvu d'une terre en dédommagement du rapt de sa fille.

Quant Louis XIII vint reprendre contre la féodalité l'œuvre de Louis XI, et commença le premier des quatre règnes de la monarchie absolue, le château de Beaujeu fut rasé par son ordre, ainsi que beaucoup d'autres par toute la France ; c'était en 1611.

Ces châteaux maintenaient le morcellement de la France; leur destruction a commencé, ou plutôt a été le précurseur de l'unité française que l'Assemblée nationale a décrétée, que la République a réalisée, malgré de vives résistances.

Près de l'emplacement de la forteresse de Beaujeu, un autre château fut élevé plus tard; il avait encore fossés et pont-levis, par imitation des temps passés, mais le moment approchait où les châteaux modernes ne pourraient plus être que des maisons de plaisance. Cependant ce second château, qui datait du milieu du dix-septième siècle, eut encore quelques combats à soutenir; il était, par une nuit obscure, sur le point d'être envahi par surprise, lorsqu'une jeune fille, que l'amour y avait conduite, donna l'éveil et coopéra à la défense et au triomphe contre les assaillans. A la bonne comme à la male heure, l'amour se retrouve partout.

L'ancienne capitale du Beaujolais est, dans la nouvelle organisation administrative, un simple chef-lieu de canton; elle a trois mille cinq cents habitans, six foires et un marché hebdomadaire important. Les bestiaux du Charollais, les chanvres, les laines, les cuirs, les sabots fabriqués dans les âpres montagnes des environs, y sont amenés à la vente. L'industrie y a établi, sur l'Ardière, des papeteries importantes, des tanneries, des filatures, des chapelleries ; elle a des fabriques de toiles de coton, et fait un assez grand commerce de vins de la contrée, qui sont renommés et parmi lesquels ont cite les Fleurie, Juliénas, Chénas, Morgon, Chirouble, etc.

Le lundi de Pâques est, pour les habitans de Beaujeu, comme pour ceux de l'Ile-Barbe, un jour de fête qui se célèbre par des danses.

Les vendanges se font à Beaujeu avec beaucoup de gaîté, ainsi que dans une grande partie des vignobles du département.

Nous nous sommes quelque peu écarté de la Saône, mais nous ne pouvions passer devant ce beau pays du Beaujolais sans dire un mot de sa capitale. Le premier pont que l'on aperçoit en continuant sa marche, est celui de Thoissey, petite ville dont la Chalaronne, qui vient se jeter dans la Saône, baigne les modestes édifices.

Thoissey a long-temps appartenu à la puissante abbaye de Cluny ; l'abbé en vendit d'abord la moitié au sire de Beaujeu, en 1236, puis la seconde moitié en 1239, fonds, fiefs, hommes et droits de justice. L'histoire, qui a soigneusement enregistré les contrats, ne dit pas si les habitans furent satisfaits de changer de maîtres. C'était bien d'eux qu'il s'agissait vraiment ! On n'a pas toujours acheté les populations, on les a prises souvent, on les a parquées. Quelques diplomates, autour d'un tapis vert et d'une carte, ont dix fois refait l'Europe et adjugé les peuples sans daigner les consulter, comme on adjuge un lot de moutons sur un marché, avec la laine à tondre.

Guichard V, sire de Beaujeu, qui avait fait ce marché, songea à défendre sa propriété contre les attaques des Bourguignons et des comtes de Savoie, et fit bâtir à Thoissey un château fortifié. Thoissey fut assiégée, en 1378, par le seigneur de Beaugé, fils du comte de Savoie ; le sire de Beaujeu, qui ne pouvait se défendre, implora la protection des ducs de Bourgogne et de Bourbon qui obtinrent une trêve. Mais celle-ci expirée, Beaugé reprit les armes, et s'empara de Thoissey en 1380. Le roi de France et le duc de Bourgogne se portèrent médiateurs entre les deux parties. Le duc, chargé de faire le traité d'accommodement, ne put s'en occuper; l'affaire fut reprise par le duc d'Anjou, frère du roi, à son passage à Lyon, lorsqu'il allait faire la conquête des Deux-Siciles ; enfin celui-ci ordonna qu'elle serait portée à l'arbitrage du pape Clément VII.

Ainsi, il a fallu deux rois, un pape, un duc de Bourgogne, pour arranger les affaires de ce village !

Trente ans après, en 1408, Jean-sans-Peur, duc de Bourgogne, envoya une armée en Beaujolais et en Dombes, sous le commandement du seigneur de Viry. Thoissey fut de nouveau assiégée; c'était un duc de Bourbon qui était alors sire de Beaujeu, il marcha et dégagea sa ville.

Quelle époque! A travers toutes ces variations dans la propriété des fiefs, toutes ces attaques, que de pillages, que d'exactions, que de souffrances pour les malheureux habitans des campagnes ravagées par les deux partis!

Quand se forma la ligue, le seigneur de Beaujeu s'attacha au parti du duc de Mayenne, ce roi des ligueurs. Après la prise de Paris, l'abjuration du roi, le traité avec la cour de Rome, le duc de Mayenne fit sa paix avec Henri IV qui lui donna le gouvernement de Bourgogne, lui paya toutes ses dettes de guerre, solda les engagemens pris par le duc envers les reitres, et lui donna en outre cent vingt mille écus de gratification, pour le dédommager sans doute des doublons espagnols qu'il ne recevrait plus. Quant au sire de Beaujeu, auquel Mayenne ne songeait plus, le roi fit démolir son château-fort de Thoissey, en même temps qu'il restreignait les franchises municipales de Lyon. L'histoire a appelé ces mesures: la pacification des provinces!

De ce point, en regardant sur les pentes

de la rive droite, vous pouvez compter dix villages au moins assis sur les flancs des collines, très rapprochés les uns des autres, étalés au soleil, au milieu des vignes et au-dessous des bois. La marche rapide du bateau produit sur quelques points de singuliers effets de perspective : les collines sont nombreuses, toutes à-peu-près d'une teinte uniforme; elles se confondent, elles ne se détachent pas d'une manière nette sur le plan des montagnes qui sont derrière et couronnent l'horizon; il arrive ainsi qu'un village, qui vous apparaissait bien accentué, disparaît tout-à-coup quand le vapeur a fait quelques tours de roues. Il est caché par un monticule, par une colline que vous ne soupçonniez pas.

Un autre village vous paraît bien seul, bien détaché des forêts; tout-à-coup vous le voyez au coin d'un bois sombre, une demi-minute encore, il est serré entre deux bois. Ces bois bougent, le village vous semble balancé comme dans un hamac; puis, plus rien : il a disparu. Les montagnes qui forment le dernier plan sont toujours là, avec leurs formes arrondies, point heurtées, point tourmentées, douces et gracieuses; quant aux villages, quelques-uns ne s'éloignent pas, ils disparaissent. Le spectacle de ce panorama curieux est tellement fugitif que la description n'en saurait donner une idée, même incomplète. Regardez-le par un beau soleil, dans la matinée, pendant tout le trajet de Saint-Romain à Belleville, à la descente surtout.

## XIII.

#### La Bresse.

Vous avez quitté le département du Rhône ; le steamer vogue entre Saône-et-Loire et l'Ain, ce dernier cotoyé depuis Neuville. Point de tour ronde ou carrée, dont les soldats vous arrêtent au passage pour vous demander le péage sur de nouvelles terres, pour vous donner un sauf-conduit, et vous piller quelque peu en vous accordant leur protection. Une borne, peut-être, cachée sous l'herbe, ou un poteau peint en gris, taché de noir, vous indique où vous êtes. Un ruisseau appelé Ouby, nom très peu poétique, sert de limite. Il est juste de dire cependant qu'il y a bien sur ces rivages hospitaliers quelque petite maisonnette abritant un employé des contributions indirectes chargé de la perception des droits de navigation. Le fisc vous prend toujours par quelque côté ; c'est une vieille habitude.

Ce pays, déroulé sur la rive gauche, riche, fertile, qui s'étend des bords de la Saône à la rivière d'Ain, renfermant de belles plaines, des montagnes dont les sommets portent de gras paturages, de longues forêts, de nombreux cours d'eau, des ravins profonds, des rochers escarpés, et aussi, malheureusement, des *teppes*, terres incultes qui semblent avoir emprunté leur nom aux steppes de Russie, ce pays c'est la Bresse.

C'est le pays des légendes, des contes populaires, des sorciers, des croyances payennes, des fontaines sacrées, des chasses fantastiques faites la nuit dans les grands bois par les seigneurs qui ont abusé de leur autorité, des moines qui reviennent demander pardon à Dieu de leurs fautes, des dames qui errent sur les ruines de leurs vieux manoirs, dans leurs linceuls blancs. Pays curieux à étudier, où un Walter Scott trouverait de nombreux sujets de romans historiques, mine féconde pour les peintres et les archéologues.

La Bresse est l'une des contrées de la France actuelle qui ont le plus souffert des fureurs de la guerre, à toutes les époques. Les souvenirs des Romains y sont écrits partout, sur des pierres, des rochers coupés afin d'ouvrir des routes, le long des ruisseaux, sur des ruines de temples; on y voit encore aujourd'hui, sur plusieurs points, les restes de la voie qui allait de Lyon vers le Rhin. Dans certaines régions, à l'orient de Bourg et aux pieds du Revermont, les villages portent des noms latins qu'une ortographe administrative inintelligente s'efforce d'altérer chaque jour, mais n'a pas encore pu faire disparaitre. En ôtant le nom, détruira-t-on l'histoire? Quel peuple donc n'a pas vu ses lois, ses mœurs, son langage, altérés par les invasions d'autres peuples? Quel rivage n'a pas été dévasté par les inondations?

Les Hongrois, qui deux fois ont envahi la

Bresse, n'y ont rien laissé pour marquer leur passage. Les Maures y ont détruit les monumens romains, du moins on leur attribue la ruine d'édifices que le temps et la haine des chrétiens pour les temples payens, ont peut-être seuls renversés. Il existe sur les flancs des collines plusieurs cavités que les habitans nomment *grottes des Sarrasins*. C'est à peu près tout ce qui rappelle la domination arabe. Nous en avons visité une tout près de la rivière d'Ain, à Loyes, dans la balme qui descend du château de Villieu au rivage. Elle est aujourd'hui peu profonde et n'a rien de remarquable.

Il est resté sur quelques points de la Bresse, généralement dans les montagnes boisées, quelques tribus maures, qui, pendant plusieurs siècles, se sont peu mêlées à la population du pays, et ont conservé long-temps leur type primitif. Fils des conquérans, ces hommes se sont trouvés à leur tour étrangers et exilés sur la terre envahie par leurs pères. Une de ces tribus habite un endroit appelé par les habitans *la Montagne*

*Noire*, à quelques lieues de Bourg. Tout-à-l'heure, du bateau qui nous emporte, nous pourrons en passant en saluer une autre sur la rive droite.

Après les Gaulois, sont venus les Romains, les Hongres et les Arabes, les Burgundes et les Francs qui se sont disputé la Bresse. Elle s'est trouvée sur le chemin des conquérans, des pillards de toutes conditions. Sa position entre les Dauphinois, les Savoisiens, les Suisses, la Franche-Comté espagnole, les seigneurs du Mâconnais, les sires de Beaujeu et le Lyonnais, son morcelcellement en un grand nombre de seigneuries, en ont fait un théâtre perpétuel de combats, de ravages, de spoliations et de souffrances. Durant l'espace de six siècles, cette malheureuse contrée n'a peut-être pas eu une année entière de repos.

Elle a relevé de l'empire d'Allemagne dont la suzeraineté s'étendait jusques à la Saône; elle a été envahie par les comtes de Savoie, morcelée entre eux, les ducs de Bourgogne et les ducs de Bourbon; elle a été adjointe aux domaines du duché de Savoie ; conquise par François I*er*, elle a été rendue aux princes savoisiens, après vingt-quatre ans de domination française ; enfin, elle a été définitivement réunie à la France sous Henri IV. Mais ce ne fut pas encore la paix que lui apportèrent ses nouveaux souverains, elle fut en partie ravagée et incendiée par les troupes franc-comtoises en 1635, dévastée sous la Fronde par les soldats du duc d'Orléans. Sa capitale, Bourg, fut prise par Mandrin, en 1754.

Nulle part peut-être on ne trouve plus de châteaux ruinés, de fortifications démantelées, de vieilles tours aux murs épais et solides, qui ne gardent plus rien et servent d'asile aux corbeaux et à quelques vautours. Ce sont les barons et les rois qui ont découronné ces demeures et ces forteresses.

Enfin, la révolution française a permis à cette belle et malheureuse Bresse de développer les richesses de son sol, d'achever les routes commencées dans le dernier siècle, d'en ouvrir de nouvelles, de défricher de grands bois, de cultiver avec intelligence des terres laissées à peu près en friche. Depuis quelques années la Bresse a été liée au Lyonnais et au Mâconnais par tous les ponts suspendus jetés sur la Saône, et que les voyageurs admirent en passant. Il y a vingt ans, il n'y en avait pas un seul entre Mâcon et Lyon.

La Bresse compose avec le Bugey le département de l'Ain. La rivière d'Ain, qui sépare ces deux parties, roule des eaux très limpides entre des rives admirables, et donne des poissons d'une qualité égale à ceux du lac de Genève. Le Bugey, peu connu et qui mérite de l'être, est un des pays les plus pittoresques. C'est un canton suisse, moins les neiges et les glaces. Rien n'est plus frais, plus gracieux que les bords de l'Albarine qui le traverse, et qui, n'ayant pas trouvé de route pour descendre du plateau de Haute-Ville, se précipite d'une élévation de six cents pieds dans la vallée de Charabotte, en s'arrêtant un moment sur un rocher intermédiaire.

Sur la rive gauche de l'Ain, le temple payen d'Isernore ; sur la rive droite, les bords du Suran, la chartreuse de Sélignat, la vallée et la grotte de Corvetia, — *vallée des corbeaux*, — que l'on écrit sottement aujourd'hui *Corveyssiat*, — méritent au plus haut point d'attirer l'attention des touristes.

Le département de l'Ain compte aujourd'hui de nombreux établissemens industriels : des fabriques de draps, des filatures de soie, de coton, une manufacture d'étoffes de soie dont les métiers sont mus par un cours d'eau, des tanneries sur la Reyssouse, etc. On y a depuis quelques années découvert plusieurs gisemens de lignite, un entre autres au-dessous de Mollon, montée assez rapide, d'où l'on a un magnifique point de vue. Mollon était naguère sur la grande route de Lyon à Strasbourg, qui traversait Loyes, village anciennement fortifié. Aujourd'hui on ne monte plus à Loyes, on ne descend plus à Mollon ; une route nouvelle contourne la montagne. M. Stanislas Clerc, dont le *Tour des deux Quais* a long-temps égayé les lecteurs du *Censeur*, habite la maison paternelle bâtie dans les fortifications de

Loyes; le fossé du fort est son jardin. Ainsi tout change.

Dans beaucoup de cantons de la Bresse la vigne se cultive en hautains, dont les lignes sont séparées par des colzas, du sarrasin, des pommes de terre. Le Bugey produit beaucoup de vins; les rouges sont en général, sauf quelques plans, de qualité médiocre. Plusieurs localités de la Bresse et du Bugey ont des vins blancs de qualité supérieure, entre autres Gravelle sur le Suran, Seyssel sur le Rhône, Saint-Rambert sur l'Albarine.

L'Etat y possède de grandes forêts, entre autres celle de Meyriat, au-dessus du lac de Nantua. Le chanvre y est cultivé sur une assez grande échelle et donne de beaux produits. L'Ain fournit de bons chevaux, des bestiaux de belle taille, et élève une très grande quantité de porcs. Il est le quarante-cinquième dans l'ordre des départemens qui fournissent du minerai.

Du département de l'Ain sont sortis des hommes remarquables dans les sciences, les lettres, les arts, la guerre. Lalande, Joubert, Bichat, Leymarie y sont nés.

La Bresse, dans la division actuelle, est partagée entre deux départemens; une portion fait partie de Saône-et-Loire, c'est la Bresse chalonnaise, dont nous parlerons plus loin; l'autre, celle qui appartient au département de l'Ain et dans laquelle la Dombes est enclavée, est la Grande-Bresse, dont il s'agit ici. La Grande-Bresse, nous l'avons dit, est riche, fertile; l'école régionale de la Saulsaie, près de Montluel, y a fait faire des progrès à l'agriculture sous le rapport des engrais et des assolemens. On s'occupe en ce moment d'y appliquer le système du drainage destiné à faire écouler les eaux trop considérables, qui, retenues sous le sol par des terres argileuses, peuvent altérer les productions. On attend en ce moment à la Saulsaie une machine à fabriquer des tuyaux destinés à cette opération dont les bons résultats ont été déjà constatés.

Quand le procédé du drainage fut imaginé, on ne songea pas d'abord à se servir de tuyaux; on ouvrait des tranchées dans les parties humides et on construisait au fond de ces tranchées de petits conduits en pierres sèches; l'écoulement s'opérait bien, mais dans quelques endroits la pierre est rare, et le drainage devenait coûteux; les conduits en pierres sèches sont en outre sujets à s'ébouler, à se briser sous la pression des terres et exigent des réparations fréquentes. Pour parer à cet inconvénient on se sert aujourd'hui de petits tuyaux dont la forme cylindrique offre une plus grande force de résistance.

De nombreux essais ont été faits, plusieurs machines ont été inventées dans le but de confectionner des tuyaux à un prix assez minime pour en généraliser l'emploi. Jusques à ce moment la machine Clayton est celle qui présente les caractères pratiques les plus convenables et les plus grands avantages sous le rapport du coût; trois hommes peuvent avec cette machine fabriquer, chaque jour sept à huit mille tuyaux de 30 centimètres de longueur sur 5 centimètres de diamètre. Le prix de ces tuyaux d'abord assez élevé, est descendu graduellement par suite des perfectionémens introduits dans leur fabrication, est n'est plus aujourd'hui que de 18 francs le millier.

Le drainage a été déjà appliqué en grand dans trois établissemens importans : par M. Garoux, propriétaire du château des Bréaux, près de Melun ; par M. de Cauville, cultivateur, fermier de la terre d'Egrenet, près de Bries sur Ières ; et à l'institut agronomique de Versailles.

La Bresse, en adoptant ce nouveau mode d'amélioration, angmentera encore le rendement de son sol. Donner, par des irrigations bien calculées, de l'eau aux prairies qui en manquent ; enlever au sol par le drainage l'excédent d'humidité qui l'altère, tel est le double problème hydraulique que tout agriculteur doit se poser et chercher à résoudre.

Une personne versée dans ces matières, M. Joseph Rambaud, dont les articles d'économie politique ont été remarqués dans *le*

*Censeur*, croit que le drainage pourrait être appliqué avec fruit aux vignes placées au bas des coteaux et qui, par conséquent, reçoivent et gardent souvent, par leur position et la nature de leur sol, les eaux des pluies tombées sur les pentes qui les dominent. C'est une idée que nous soumettons aux vinicoles.

Dans les campagnes bressannes on parle généralement patois ; ce langage est un mélange de latin, d'italien, de français et d'espagnol ; il y reste aussi quelques mots arabes. Tous les conquérans y ont laissé des lambeaux qui tendent cependant à se franciser ; ce qui n'empêche pas que ce langage soit fort difficile à comprendre, surtout quand il est parlé un peu vite, ce qui est assez l'habitude du pays.

Il y a de quoi humilier la vanité, si on en avait. Ayez donc traduit Virgile, Dante et Byron, et parlé la langue franque en Afrique, avec les Arabes, pour ne pas comprendre ce que disent tout haut, devant vous, deux paysans bressans, à quelques lieues de votre ville natale! C'est là ce qui nous est arrivé, nous l'avouons avec candeur.

Un jour viendra où toutes les nations civilisées parleront une même langue; on l'espère et on le dit pour consoler ceux qui n'étudient pas les langues de leurs voisins; mais, hélas! quand ce jour luira, il y aura long-temps que nous ne pourrons plus ni rien dire, ni rien entendre.

Voici un échantillon de patois bressan; c'est une chanson que nous avons souvent entendue dans les montagnes de la Bresse, au pied du versant oriental du Revermont et sur les bords du Suran, dans le moulin de la Biolière. C'était dans une charmante excursion que nous fîmes à la tour de Beaurepaire, chez M. Adolphe de la Peyrière; nous étions là avec M. Mouchon, ses deux filles, M. Morellet, aujourd'hui représentant du Rhône, et M. Ladevèze, dessinateur de beaucoup de talent et esprit original. Nous partîmes de Beaurepaire pour aller voir le lac de Nantua et les ruines de la Chartreuse de Meyriat, nous ne nous arrêtâmes qu'au pied du Mont-Blanc.

Au retour, après nous être attardés le long de la route à contempler de beaux sites, nous arrivâmes fort tard à Collonges; nous frappâmes vainement à l'hôtel de la Poste et à un autre cabaret; on crut que c'étaient des contrebandiers et on ne nous ouvrit pas; nous vîmes le moment où nous allions passer la nuit à la belle étoile, dans nos voitures, l'une découverte, et l'autre mal fermée. Un brave postillon qui pansait ses chevaux, nous donna une indication, et nous fûmes assez heureux pour trouver dans les champs une auberge dont la porte s'ouvrit au bruit des voitures. Là, on nous prit aussi pour des contrebandiers et on nous reçut fort bien. A quelques pas de distance, ce qui eût compromis l'un, faisait vivre l'autre. Nous arrivâmes dans une salle basse, où vingt hommes accroupis sur des ballots éventrés faisaient des paquets avec lesquels ils allaient traverser les lignes de douane.

Le lit d'un de ces contrebandiers nous échut en partage. Durant la nuit, une tourterelle, passant par un carreau de vitre cassé, vint se réchauffer auprès de nous. Le lendemain, nous écrivîmes au crayon quelques vers sur la muraille blanche. Nous souhaitions au contrebandier de n'être pas surpris dans ses courses nocturnes, et à la tourterelle de n'être pas atteinte par le plomb de quelque méchant chasseur.

Que d'événemens depuis ! M. Mouchon est mort; l'une de ses filles est devenue M$^{me}$ Morellet, et a suivi son mari à Paris; l'autre est devenue M$^{me}$ Juif, et a suivi son mari en exil..... Ce n'est pas assez de la mort pour briser les liens de famille et les existences; les hommes y ont ajouté la politique.....

Voici la chanson.

## LIAUDOUX ET LIAUDEINE.

—

Quand zer'amo de ma Liaudeine
Ran ne manquove à meux désis ;
Seux peines fassant ben meux peines,
Seux plaisis fassant meux plaisis.
Nos nos desian desso lo sozo
Que nos nos amerian teurzours ;
Vorre le me lèche pe n'otro,
Et l'eublaye neustreux amours.

Tui leux matins y a la prairia
Nos menovan neustreux moetons,
Zéra chetu près de ma mia,
Nos queman chove n'a sanson.
Japrès cinti nos danchove
En nos teniant tui deux la man,
De plaisis leux moetons chotove ;
Nos ne van po maÿ en champ.

L'a lou pia mignon, leux mans blanches,
L'a lou pai se ben trenato ;
L'est ben prouma dessus leux hanches,
L'est draite teurzours ben meudo.
L'a leux zai nais drait quement d'encre,
L'a leux dents blanches quement de papi,

## CLAUDE ET CLAUDINE.

Quand j'étais aimé de Liaudeine,
Rien ne manquait à mes désirs ;
Ses peines étaient mes peines,
Ses plaisirs étaient mes plaisirs.
Nous nous disions dessous le saule
Que nous nous aimerions toujours,
Maintenant elle me laisse pour un autre,
Elle oublie nos amours.

Tous les matins à la prairie
Nous menions nos moutons,
J'étais assis près de ma mie,
Nous commencions une chanson.
Après cela nous dansions
En nous tenant tous deux la main,
De plaisir les moutons sautaient ;
Nous n'allons plus jamais en champ.

Elle a le pied mignon, les mains blanches,
Elle a les cheveux si bien tressés ;
Elle est bien mince sur les hanches,
Elle est toujours mise à la mode.
Elle a les yeux noirs comme de l'encre,
Elle a les dents blanches comme du papier,

*Le rozaye drait quement cambre,*
*L'en fa vérier la tête à tui.*

*L'a mais d'esprit que lou rai même,*
*Pe mei z'en suis tout ébobi,*
*Le vos parlo avoué tant d'aime*
*L'en fa vérier la tête à tui.*
*L'é réveilla quement na rate,*
*Le chante quement rossigneux,*
*Vorre, me méprise la chatte,*
*De n'otre le fu lou bonheux.*

*Ah! tui leux zours desso lo sczo*
*O nos an tant dancha tui deux,*
*Tu vindré, tant mateuro Liodo,*
*Tu vindré pleuro to malheux.*
*To lou mondo sara ta peine,*
*Te zanteras çan tui leux zours :*
*Le ne m'amo plus la Liodéine,*
*Pe mei, je l'amerai teurzours.*

Elle rougit comme une écrevisse,
Elle en fait tourner la tête à tous.

Elle a plus d'esprit que le roi même,
Pour moi j'en suis tout ébobi,
Elle vous parle avec tant de savoir,
Qu'elle en fait tourner la tête à tous.
Elle est éveillée comme une rate,
Elle chante comme un rossignol,
Maintenant, elle me méprise, la chatte,
D'un autre elle fait le bonheur.

Ah! tous les jours dessous le saule
Où nous avons tant dansé tous deux,
Tu viendras, tant malheureux Claude,
Tu viendras pleurer ton malheur.
Tout le monde saura ta peine,
Tu chanteras ceci tous les jours :
Elle ne m'aime plus la Claudeine,
Pour moi, je l'aimerai toujours.

Dans ce langage, les participes se terminent toujours en *o*; aussi, sommes-nous tenté de croire que le mot *ébobi*, qui se trouve dans le cinquième couplet, y a été introduit après coup; au surplus, ce couplet a été évidemment altéré, car on y répète un vers du couplet précédent. Nous avons en vain interrogé les chanteurs pour rétablir le texte primitif. Ainsi s'en vont les belles choses!

Le patois n'est pas le même dans toutes les parties de la Bresse; il diffère même sensiblement, tout en laissant apparaître les mêmes origines. Dans la Dombes, un jeune homme s'appelle un *maignat*; sur les bords de la Reyssouse, un *magnat*. Est-ce le mot hongrois qui est resté de l'invasion?

La Bresse, non point partout, mais principalement dans la partie qui avoisine Mâcon, a conservé pour les femmes le petit chapeau orné de dentelles, de galons et de glands d'or, et la robe galonnée sur les coutures. La forme de ces chapeaux varie d'un village à l'autre, les ornemens qui les enjolivent varient aussi; quelques uns sont fort jolis.

Les femmes ont aujourd'hui le bon esprit de renoncer à la taille qui leur coupait la poitrine en deux. Il paraît cependant que depuis long-temps les jeunes filles avaient tenté cette réforme importante dans la toilette des Bressannes, puisque Liaudeine, au dire de son amoureux, était toujours *ben prouma* dessus les hanches, si toutefois nous avons bien traduit ce passage difficile.

Beaucoup d'auteurs ont écrit sur la Bresse, entre autres Guichenon, qui a fait l'*Histoire de la maison de Savoie*. M. de la Teyssonnière a résumé tous ces auteurs dans ses *Recherches historiques sur le département de l'Ain;* cinq volumes déjà en ont été publiés. Ils sont pleins de faits, de chartes, d'actes publics. Quand l'impression de cet ouvrage sera achevée, ce sera un recueil complet et très curieux à étudier. Nous nous en sommes servi plusieurs fois, en ce qui concerne les guerres dont la Dombes a été le théâtre.

# XIV.

### Entre les Rives.

Depuis douze à quinze ans l'administration des ponts et chaussées a fait sur la Saône des travaux fort importans. L'eau s'égarait dans certains passages, sur un lit très large, ne laissant pas aux bateaux un tirant d'eau suffisant; ils s'engravaient et obstruaient le cours de la rivière, ou ils traçaient un sillon dans le gravier, au risque de faire des avaries au fond, que les mariniers appellent la *fonçure*. Sur d'autres points, l'eau s'éparpillait à travers les iles, — et elles sont nombreuses, — en trois ou quatre bras qui ne laissaient pas au bras principal la profondeur nécessaire à la navigation, et, après chaque grande crue, les mariniers tâtonnaient, sondaient, ne sachant ou passer pour éviter de toucher.

Il s'agissait de former dans la partie la plus basse du lit de la rivière un chenal qui fût navigable dans toutes les saisons, par toutes les eaux, d'y renvoyer par conséquent les eaux inutilement égarées sur les grèves ou dans les bras des petites îles placées très près du rivage; les travaux furent commencés d'une manière fort modeste, on traça des lignes avec des pieux reliés par des fascines; là, c'était un quart de cercle, ici une ligne droite, ailleurs un angle aigu partant de la rive, selon les inflexions du lit et la pente naturelle de l'eau. Les crues ne tardèrent pas à déposer des sables derrière les pieux; aux sables l'administration ajouta des pierres, des blocs jetés, puis sur plusieurs points où le courant dérangeait et brisait le travail, elle régularisa les jetées, les couronna de gros blocs parfaitement nivelés; ailleurs, elle fit des digues de ceinture en maçonnerie. Peu à peu le chenal se forma, mais ce ne fut pas sans résistance, car les travaux sont brisés chaque année sur plusieurs points; mais depuis Châlons jusqu'à Lyon, on navigue sans toucher, excepté quand les eaux sont au-dessous de l'étiage.

Toutes ces digues sont submersibles, les eaux, dès qu'elles s'élèvent, passent par dessus; cependant, il est facile de prévoir qu'elles finiront par réunir au rivage une partie des grèves, grâces aux alluvions que les crues y apportent. Les petites îles rapprochées des bords seront jointes à la terre ferme dans un temps donné, sauf à être submergées dans les grosses eaux.

Ces travaux, exécutés sous la direction d'un ingénieur spécialement chargé de la Saône, présentent un véritable intérêt.

Le vapeur, dans sa course rapide, rencontre fréquemment des bateaux pesamment chargés et de longs radeaux de chênes et de sapins, qui descendent avec lenteur, en s'abandonnant à l'impulsion du courant, parfois en s'aidant de la rame ou en tendant aux vents une voile carrée. Il arrive aussi quelquefois que les conducteurs des radeaux, n'ayant pas de voile, s'en font une assez singulière en dressant debout des planches fortement fixées qui reçoivent le souffle du nord. Ces bateaux et ces radeaux qui sillonnent la rivère, sont des agents de la circulation qui contribuent à la richesse du pays. Les stéamers qui passent auprès d'eux sont parfois obligés de ralentir leur marche, de peur que les vagues, soulevées par les mouvemens trop rapides des roues, ne les submergent, ce qui est surtout à craindre dans les passages où le lit est resserré.

Les bateaux portent, à Lyon et dans le Midi, le long du Rhône, les blés et les avoines de Bourgogne, les légumes secs de Châlons, les foins récoltés dans les plaines que vous verrez tout-à-l'heure, les vins du Mâconnais, les farines de Gray et de Châlons, les fers et les fontes du Creuzot, de Belgique, les minerais chargés à Pontaillier et destinés aux usines de Givors et de la Voulte, les charbons de bois venus, par les canaux, des bords de la Loire et des forêts que traversent ces cours d'eau, les merrains destinés à la fabrication des tonneaux.

Les bateaux de charbons de bois sont faciles à reconnaître à leur couverture de planches bien arrondies ou de genêts étendus d'un bout à l'autre, liés et retenus par des perches : ceux-ci ont la forme d'un cône; leur largeur, d'environ 4 mètres 50 centim., est calculée sur celle des écluses du canal du Centre, par lequel ils descendent. On les appelle *Bateaux de Loire* ou *Bateaux du Canal*, suivant leur provenance. Il y en a d'autres encore, mais en petit nombre, qui portent du charbon : ce sont des carrés longs, hauts de cinq à six mètres, élargis et élevés au moyen de fascines et de longues perches placées debout. On les appelle *Charbonnières*.

Beaucoup d'ouvriers sont employés à couper les bois, à cuire les charbons, à les transporter sur les bords du canal, à les charger sur les bateaux, à les couvrir, pour qu'ils ne soient pas avariés par les pluies; car le versant occidental de la chaîne de montagnes qui suit le cours de la Saône, de Lyon à Chalon, porte de longues forêts; le canal du Centre, depuis Digoin jusqu'à Chalon, passe à travers des contrées extrêmement boisées. C'est parmi les ouvriers charbonniers, mais derrière l'autre rive de la Saône, dans les montagnes du Jura, qu'a pris naissance l'association des *bons Cousins Charbonniers*, qui est devenue plus tard, en Italie surtout, une société politique : *I Carbonari*.

Les bateaux de foin sont beaucoup plus larges que les bateaux de charbons, parce qu'ils ne passent pas dans les canaux. Ils sont évasés au milieu; on calcule le poids qu'ils portent en mesurant le volume d'eau qu'ils déplacent, comme nous l'avons indiqué pour la jauge des vaisseaux.

Le canal du centre est fermé chaque année de trente à soixante-dix jours pour les réparations nécessaires et le nettoiement. Tous les canaux sont empoissonnés et la pêche y est abondante; le droit de pêche y est affermé, mais on y fait un peu de fraude, et parfois ceux qui conduisent les bateaux ou qui surveillent le chargement, tendent la nuit des fils avec des hameçons qui aident à la cuisine de l'équipage. Les hommes qui mènent les vins à Paris n'ont pour domicile, pendant plusieurs mois, que la cabine qu'on appelle *Tiôme* dans le langage des mariniers.

Vous rencontrez des bateaux dont la hauteur est surélevée par des planches placées horizontalement au-dessus des bordages, ce sont les bateaux qui portent les avoines ou des chargemens mi-partie avoine, mi-partie blé ou farine; parce que ces matières étant moins lourdes que les fers, les minerais, les pierres, on peut élever le volume du chargement sans que le bateau tire plus d'eau que les autres.

Quelquefois vous voyez à l'arrière du bateau un visage féminin couvert d'un grand chapeau de paille rond, regardant par-dessus le bord, c'est la femme ou la fille du patron qui s'est établie dans la cabine.

Les radeaux de chênes et de sapins, destinés à la marine, viennent généralement de

Verdun, au confluent de la Saône et du Doubs, quelques uns de Gray, sur la Haute-Saône. Les radeaux de sapin sont plus généralement construits à St-Jean-de-Losne, sur la Saône, entre Verdun et Gray. Ces radeaux sont composés de plusieurs corps qu'on appelle *navettes*, et qui sont doublées, triplées ou quadruplées, selon que les eaux sont plus ou moins élevées.

Ces trains peuvent descendre de Verdun à Lyon en trois jours, en marchant la nuit et par de bonnes eaux. Ceux qui sont destinés pour Lyon s'arrêtent généralement à Vaise, où il y a de grands entrepôts; quelques uns, mais en petit nombre, viennent atterrir à Ainay; on transporte par terre, pièce à pièce, les parties destinées pour les chantiers des Brotteaux. Il paraîtrait plus simple de descendre la Saône, de doubler la pointe de la presqu'île Perrache et de remonter le Rhône jusqu'aux Brotteaux; mais ce qui paraît le plus simple n'est pas toujours le moins coûteux et la difficulté que la rapidité du Rhône oppose à cette opération entraînerait de trop grands frais.

Un grand radeau composé de quatre navettes mesure généralement de 150 à 200 mètres cubes.

La traversée de Lyon, pour les bois destinés au midi, n'est pas toujours sans danger, au pont de Pierre surtout, quand les eaux sont fortes.

Les hommes qui les conduisent sont vigoureux et robustes ; ils font leur cuisine sur des planches couvertes de terre ; ils endurent la pluie et toutes les intempéries des saisons ; ils bravent les périls avec un grand courage et ils ont toujours près d'eux des haches, afin de couper les liens des radeaux lorsqu'ils ne peuvent éviter de toucher, ou, comme ils disent, de *bronquer* contre un pont. Chose terrible, car il arrive parfois que les rames n'étant pas assez vite détachées, sont violemment heurtées par les piles et balayent le radeau. Heureux alors ceux qui peuvent se jeter à l'eau pour n'avoir pas les membres brisés !

Ils sont beaux à voir, ces hommes, lorsqu'après s'être courbés, six à l'avant, six à l'arrière, sur les deux longs gouvernails qu'ils appellent des *empintes*, afin de passer le pont du Change, ils se redressent tout-à-coup et manœuvrent vigoureusement en sens inverse, pour éviter l'éperon de l'abreuvoir et reprendre le fil de l'eau.

Cette Saône, si tranquille, a ses naufrages, et chaque année voit disparaître quelqu'un de ces braves mariniers, martyrs du travail.

Les voituriers qui conduisent les vins sont plus heureux; ils ne traversent guère Lyon et s'arrêtent à Serin; la manœuvre est du reste plus facile, et l'équipage a sa futaille sur laquelle il boit. Aussi, quand l'eau est calme, quand la navigation ne présente aucun danger, les entend-on quelquefois chanter la belle chanson de *Jean Raisin* et répéter en chœur le refrain :

>Au nom de la machine ronde,
>De l'eau coulant pour tout le monde,
>Place, place, pour Jean Raisin,
>Pour Jean Raisin, devenu vin !
>Laissez donc passer Jean Raisin,
>Avec son bon ami le pain !

## XV.

#### La Côte Mâconnaise.

La rive opposée à la Grande-Bresse est le territoire Mâconnais; le steamer passe devant les clos de Romanèche, de la Chapelle-Guinchay, de Chaintré, terres aimées du soleil et des buveurs.

Ce riche vignoble a pour exporter ses vins, à Paris et à Lyon, de beaux canaux et deux rivières, la Loire et la Saône, dont un dernier chaînon des Cévennes, courant du sud au nord, sépare les bassins; c'est lui qui leur partage les eaux envoyées par le ciel pour les alimenter.

Romanèche a des mines assez abondantes de manganèse, des carrières de pierres à

MÂCON.

bâtir, mais ses vins seuls font sa réputation ; c'est dans la commune de Romanèche qu'on récolte les Moulin-à-Vent et les Thorins, fort prisés des Lyonnais.

Quelques antiquaires ont cru reconnaître dans des débris trouvés à Romanèche les restes d'un temple où les femmes enceintes venaient, sous la domination romaine, invoquer la déesse Lucine, Notre-Dame de Délivrance de ce temps-là. Les mêmes douleurs, les mêmes appréhensions amènent à toutes les époques les mêmes vœux.

Guinchay produit des vins rouges estimés, Chaintré, au contraire, donne d'excellens vins blancs. Ce fertile coteau a pris soins de satisfaire tous les goûts. On a trouvé à Guinchay des médailles romaines, des urnes, des statuettes d'une bonne époque. Chaintré a encore son vieux château, auquel on a enlevé les fortifications qui ne lui servaient plus à rien ; les habitans aiment mieux les cuves et les tonneaux que les créneaux et les machicoulis.

## XVI.

### Mâcon.

En esquissant l'histoire des cités assises sur ces bords de la Saône, si vantés et réellement si beaux, on éprouve un serrement de cœur, car on ne retrace qu'un long martyrologe si l'on veut remuer les cendres du passé.

Mâcon est une ancienne ville gauloise de la république éduenne, qui a été, comme le reste du pays, occupée par les Romains, ravagée par ceux qui détruisirent l'empire, par ceux qui vinrent en recueillir les dépouilles, par tous les peuples qui ont fait invasion en France.

Elle fut passagèrement incorporée au

royaume de Bourgogne; puis elle appartint avec le Mâconnais à des comtes qui les possédaient sous la suzeraincté, tantôt des rois de France, tantôt des ducs de Bourgogne. L'un de ces comtes vendit en 1239 le comté de Mâcon à Louis IX, qui le réunit à la couronne en 1241; le Mâconnais devint alors l'un des quatre grands bailliages du royaume.

Sous Philippe-le-Bel, l'expulsion des juifs lui enleva une grande partie de ses habitans, car les israélites étaient, à Mâcon, nombreux et riches; ils y avaient fait bâtir un pont appelé *Pont Jud (Pons Judeorum).*

Avant d'aller vaincre le duc de Bourbon à Brignais, les Tard-Venus la rançonnèrent, ainsi que les Ecorcheurs; elle fut mise à contribution par les rois, les seigneurs, les fils et les mères de rois.

En 1346, il lui fut permis d'élire six échevins qui administrèrent les affaires municipales, avec l'autorisation du roi et du bailli. Durant la captivité du roi Jean, le régent Charles la donna à son frère, puis la lui reprit quand il fut devenu roi. Charles VII la céda au duc de Bourgogne; Louis XI la réunit de nouveau à la couronne après la mort de Charles-le-Téméraire à la bataille de Morat, lorsqu'il s'empara des deux Bourgognes, au terme des traités, Charles n'ayant pas laissé d'enfant mâle. François Ier, fait prisonnier à la bataille de Pavie, la céda en 1526 à Charles-Quint, en lui abandonnant le duché de Bourgogne avec toutes ses dépendances, par le déplorable traité de Madrid. Il rachetait sa liberté en donnant à son ennemi les provinces françaises, en sacrifiant tous ceux qui l'avaient défendu.

Les Etats de Bourgogne déclarèrent aux envoyés de Charles-Quint que la Bourgogne était française et ne voulait pas changer de roi; le parlement de France refusa de reconnaître le traité de Madrid; la Lombardie fut évacuée par les Français, mais la Bourgogne resta au roi. Le traité de Cambrai confirma cette possession en 1529; le Charollais seul resta à l'empereur pour faire retour à la France à la mort de Charles.

Les protestans, sous la conduite du comte

d'Entragues, s'en emparèrent en 1562; trois mois après, le comte de Tavannes la reprit au nom des catholiques. Les protestans s'en emparèrent une seconde fois; elle fut alors assiégée et emportée par le duc de Nevers. Les uns et les autres y commirent les mêmes excès, les mêmes cruautés.

Elle fut soumise à l'autorité du roi en 1567, et en 1585 les habitans jugeant avec raison que la citadelle qui existait alors à Mâcon ferait encore de leur ville un champ de bataille, en demandèrent la démolition et l'obtinrent.

La peste l'a ravagée six fois.

Le Mâconnais avait ses États particuliers présidés par l'évêque de Mâcon.

La révolution de 1789 fut accueillie avec enthousiasme à Mâcon, qui devint chef-lieu du département de Saône-et-Loire.

Lorsque la France succombait sous les efforts de l'Europe coalisée contre elle, des trahisons de l'intérieur, de la désorganisation de l'armée, le faubourg de Saint-Clément et la plaine au sud de Mâcon furent témoins d'un combat entre les Autrichiens et les Français. Le champ de bataille s'étendait de ce point jusques à Saint-Georges, au-dessus de Villefranche. Jeunes femmes, saluez cette terre d'un regard ami; là dorment ceux qui sont morts en défendant vos mères.

Au retour de l'île d'Elbe, le 13 avril 1815, Napoléon arriva à Mâcon à sept heures du soir, accompagné de toute la population des campagnes voisines. Le préfet de Saône-et-Loire, que Napoléon avait fait comte et chambellan, s'était enfui pour ne pas le complimenter; l'empereur fut harangué par l'un des adjoints du maire, lequel était fort troublé, si l'on en juge par son discours embarrassé et dans lequel ne perçait pas beaucoup de confiance. Napoléon, moitié souriant, moitié sérieux, avec une bonhomie commandée par les circonstances, répondit à l'adjoint : « Je sais que vous êtes un peu sujets à vous effrayer; vous me l'avez prouvé dans la dernière campagne; vous auriez dû vous conduire comme l'ont fait les Chalonnais ; vous n'avez point soutenu l'honneur des Bourguignons.

» — Sire, repartit vivement l'un des assistans, ce n'est point notre faute, vous nous aviez donné pour autorités des gens sans courage et d'anciens émigrés.

» — Nous avons tous fait des sottises, reprit Napoléon, il faut les oublier. »

A la seconde invasion, Mâcon fut encore occupée par l'armée ennemie, comme toutes les autres villes.

Il reste de la vieille église de Saint-Vincent démolie en 1793, non-seulement les deux tours octogones que l'on aperçoit du pont du paquebot et d'une partie de la Bresse, mais des ruines fort jolies qui méritent d'être visitées. La façade est restée debout, son portail est beau et assez bien conservé.

Dans un espace ouvert sur l'emplacement des nefs on retrouve des colonnettes élancées, des cintres à nervures vigoureuses, engagées dans des constructions ; puis les ruines d'un petit cloître carré qui devait être fort gracieux. A part un petit faisceau, les colonnettes sont absentes, mais il y a encore les cintres et les chapitaux.

Des deux tours l'une est dentelée, ornée de clochetons historiés très gracieux, mais elle est surmontée d'un petit clocher qui la dépare affreusement et qu'on ferait bien d'enlever, par amour de l'art; l'autre n'a pas de clochetons, elle est ornée de gargouilles dont plusieurs ont bien conservées.

La nouvelle église Saint-Vincent est au sommet de la colline sur laquelle Mâcon est bâtie. C'est un édifice à l'extérieur duquel on a tout sacrifié; comme la vieille église, celle-ci porte une tour carrée, en pierres entremêlées des briques, à chaque angle de sa façade. Quatre colonnes montées sur un parvis auquel on arrive par quelques marches, supportent un fronton vide de sculptures. Au-dessus du portail est une place qui, en attendant un bas relief, est remplie par une grisaille. Cette partie ne manque pas de charme; le reste est froid; c'est une maison carrée terminée par un abside entouré d'arbres.

A l'intérieur, une large nef et deux petites, séparées les unes des autres par quatre colonnes de chaque côté, puis un chœur suivant les contours de l'abside, point de transeps. Des murs blancs, des colonnes blanches, des fenêtres cintrées, à verres blancs. Un petit buffet d'orgues sur une tribune placée au-dessus de la porte d'entrée.

Il y a dans le recoin le plus obscur de l'église, touchant la porte, un petit tableau représentant Jésus mort sur les genoux de Marie, qui nous a paru bon, mais il avait besoin d'être mieux éclairé pour être bien jugé. Un autre, qui représente Jésus au milieu des docteurs, renferme de beaux détails ; les draperies sont fort bien rendues.

L'église de Saint-Vincent, qui n'appartient à aucun genre d'architecture, fut commencée en 1810 ; les deux invasions en firent suspendre les travaux. Lorsque le comte d'Artois vint à Mâcon, à la fin de 1815, le clergé fit placer à la porte de l'église inachevée, au-dessus des matériaux qui attendaient leur emploi, un long et large transparent qui fut, le soir, éclairé par des lampions et sur lequel était transcrit le verset suivant :

« *Dimittite qui œdificant domum Domini et orant
» pro vitâ regis.* »

« Envoyez des gens qui bâtissent la maison du Sei-
» gneur et prient pour la vie du roi. »

L'allusion était assez directe, la requête assez adroite; l'église fut achevée ou du moins consacrée en 1816.

L'église de Saint-Vincent est bâtie en face de l'hôpital; les portes des deux édifices se regardent; entre deux est la place d'armes, parallélogramme encadré d'arbres sur les deux petits côtés, où les conscrits viennent faire l'exercice, où les musiques des régimens exécutent des symphonies.

L'hôpital a été bâti en 1770, sur les plans de Soufflot; c'est un édifice à un étage, dans un jardin, très propre, très coquet. Il est malheureusement gâté par une espèce de coupole noire, lourde, massive, écrasée, du plus fâcheux effet, et qui n'était certainement pas dans le plan de l'habile architecte.

Mâcon a un hospice pour les vieillards et

les orphelins, qui date de 1680; on y a établi des bains publics pour les indigents. Lyon n'est pas aussi avancée sous ce rapport.

L'hospice d'incurables est de 1736.

L'église de Saint-Pierre est bien le plus singulier temple que l'on puisse rencontrer, si toutefois il est permis de lui donner ce nom. On y entre par l'abside, dans lequel on a percé une porte bâtarde qui a honte d'être là. Il est juste de dire qu'ayant retourné le chœur de l'orient à l'occident, on a bâti une autre abside et fait un autre chœur, tout chargé de modillons et d'astragales, jurant le plus complétement possible avec le reste.

Saint-Pierre était autrefois la chapelle du couvent des Cordeliers, dont les ruines rajustées abritent la gendarmerie. On pénètre dans ces bâtimens par un joli portail roman. Une partie de l'ancien cloitre a été arrangée en habitations.

Ne demandez pas au palais-de-justice de Mâcon les formes sévères et dures que présente dans les grandes villes ce qu'on appelle en vieux style *le Temple de Thémis.* Celui-ci n'est pas fait pour effaroucher les plaideurs; c'est un charmant hôtel dans un jardin planté de poiriers nains, dont les murs sont tapissés de treilles et de rosiers, dont le gazon est entouré de bordures de buis, et dont les allées sont sablées, non point des allées droites et raides, mais contournées pour avoir plus de grâce.

L'entrée est fermée par une grille de fer, aux deux côtés de laquelle il y a pour toutes sentinelles deux beaux arbres qui donnent leur ombre au jardin. Le bâtiment est au fond, sur une plate-forme couverte de grands orangers; un double escalier tournant, ombragé par des accacias, conduit à un perron sur lequel s'ouvre la salle des pas-perdus. Les rampes de fer de l'escalier sont garnies de plantes grimpantes, de fleurs et de verdure; tout est fait pour vous donner une idée agréable de la justice.

La salle des pas-perdus est petite, un carré long; dans l'angle droit, un bel escalier conduit à une galerie sur laquelle s'ouvrent différentes pièces. Sur les portes on lit : *Greffe, Parquet, Juge d'instruction, Chambre des Avocats, Chambre des Avoués;* mais le jour où nous le visitâmes, par un beau matin de juin, il n'y avait que les écriteaux ; pas l'ombre d'un personnage vivant ; la chicane n'était pas encore levée. Au pied de l'escalier, à gauche, il y avait pourtant un beau grenadier..... dans un pot. C'était le seul être qui représentât la force armée.

Sous le perron, à la porte d'un corridor souterrain, les caves sans doute, il y avait deux arrosoirs, un grand et un petit ; le jardinier et son enfant, une charmante petite fille peut-être, avaient arrosé les belles roses épanouies contre la muraille de leur logement. Nous sommes sorti enchanté de ce gracieux palais et nous souhaitons fort que tous ceux qui en sortiront après nous partagent notre satisfaction.

Le pont qui unit Mâcon à la Bresse par le faubourg Saint-Laurent, avait autrefois treize arches ; il avait remplacé un pont fort ancien que la tradition, erronée quelquefois, attribuait aux Romains, et qui était loin de remonter si haut. Les ponts et chaussées l'ont réparé en entier, il y a quelques années, l'ont élargi au moyen de consoles qui portent les trottoirs, ont rebâti quelques arches du côté de la ville, supprimé une pile, et ont rendu un véritable service à la navigation, en améliorant un passage dangereux. Le pont de Mâcon n'a plus que douze arches de diverses grandeurs. De ce point la vue est fort belle.

L'hôtel-de-ville est l'ancienne demeure des comtes de Montrevel, seigneurs bressans; il unit aux bureaux de l'administration municipale la bibliothèque publique et un théâtre souvent veuf d'acteurs. Sa façade sur le quai ne manque pas de grâce.

La préfecture est bâtie sur l'emplacement de l'ancienne citadelle démolie; c'était autrefois la demeure de l'évêque de Mâcon.

On trouve encore à Mâcon quelques maisons qui surplombent, quelques tourelles échappées au temps, une entre autres bâtie en poivrière, rue de l'Oratoire, et engagée dans un gros mur, percé de petites fenêtres barreaudées, qui ressemblent assez aux fenêtres d'une prison.

L'hôtel de Sennecey est certainement le plus beau des édifices privés; il a deux belles façades, dont malheureusement une seule est achevée.

On a trouvé à Mâcon, en 1764, dans des fouilles faites sur l'emplacement où est aujourd'hui l'hôpital, un véritable trésor artistique : trente mille médailles de divers empereurs romains, une chaine d'or dont les anneaux étaient entremêlés d'émeraudes et de perles, une patère taillée à pans, incrustée de pierres précieuses, un serpent en argent, sept statuettes également en argent, parmi lesquelles un Mercure à la clamyde dorée, un Jupiter tonnant, une Cibèle d'un travail très délicat. La plupart de ces objets, mise au creuset par les orfèvres, a été perdue pour les arts. Quelques beaux marbres de Gênes, découverts en même temps, ont fait penser qu'il y avait là, sous l'occupation romaine, quelque splendide édifice. Une couche horizontale de bois réduit en charbon indiquait assez clairement comment il avait disparu du sol ; elle n'en disait malheureusement ni la date, ni la destination. Palais, temple, cabane, hélas ! tout finit de même.

Après toutes ses secousses, tous ses malheurs des temps passés, Mâcon est devenue une ville calme et paisible. Ses habitans sont intelligens, affables, divisés d'une manière assez tranchée par la politique. Ils aiment les arbres et les fleurs ; ils ont de jolies promenades bien ombragées, et nous y avons trouvé des rosiers fleuris plantés en pleine rue, des vignes vierges tapissant les murs.

Au milieu des produits de la Bresse, des vins abondans du Mâconnais, à quelques pas du Charollais, riche en bestiaux, la vie matérielle est, à Mâcon, assez à bon marché ; aussi, y trouve-t-on grand nombre de petits rentiers.

A l'exception de deux ou trois, ses rues sont étroites, tortueuses, mal pavées, comme celles de Lyon.

La population de Mâcon est d'environ douze

mille âmes; le commerce est borné aux vins, aux bestiaux, aux blés, aux merrains et aux cercles. L'industrie a des fabriques de pressoirs, de foudres, de tonneaux, de pompes, d'instrumens aratoires. Elle a élevé des brasseries, des tanneries; elle s'occupe de la fabrication des faïences et des poteries.

Mâcon est triste; ses quais larges et bien bâtis sont les seuls points qui présentent toujours quelque animation; les marchés y amènent chaque semaine une foule assez grande; elle a cinq foires, dont deux importantes, qui attirent en grand nombre les habitans des environs. Quand cette affluence passagère a disparu, Mâcon rentre dans son calme et sa monotomie.

Les dames de Mâcon paraissent avoir grand soin de la blancheur de leur visage, car elles portent presque toujours des ombrelles. Nous n'en avons vu nulle part un aussi grand nombre. Des dames en négligé du matin, en cheveux, en pantoufles, étaient invariablement munies d'une ombrelle pour se garantir des atteintes du soleil.

La campagne màconnaise a gardé, comme la Bresse, son ancien costume féminin, riche et pittoresque. Nous le verrions avec peine disparaître, cela barriole un peu la foule et rompt l'uniformité de nos modernes habillemens.

La forme de la robe a été un peu modifiée par le temps, mais le chapeau n'a pas souffert d'altération; il est noir, rond, large, surmonté de deux clochetons superposés, en dentelle noire; du pied des clochetons partent de larges et longs rubans noirs qui voltigent aux vents. D'autres chapeaux moins larges n'ont qu'un clocheton et sont ornés de cordelières d'or. Joignez à cela une robe d'étoffe riche, dont la taille est couverte de dentelles et un ample tablier de soie; que ce costume soit porté par une jeune femme d'une taille un peu au-dessus de la moyenne et vous aurez un fort joli tableau.

M. de Lamartine est màconnais; il a encore son habitation à Saint-Point. Sur ces montagnes, dernier degré des Cévennes, est éclos un talent qui devait aller mùrir sous tous les soleils, battu par les orages du cœur, avant de l'être par les orages politiques. Il a raconté avec un grand charme, dans ses *Confidences*, ses courses et ses chasses à travers ces collines, ces bois et ces rochers ; c'est dans l'une de ces communes qu'il a trouvé le type de *Jocelyn*.

Sous le gouvernement de juillet, le département de Saône-et-Loire nommait M. de Lamartine son représentant à la chambre des députés, ainsi que le général Thiard, qui est de ces contrées. La révolution de Février éclate ; grand poète, grand orateur, homme de liberté, M. de Lamartine est choisi aux acclamations du peuple pour faire partie du gouvernement provisoire. Il déploie une grande activité, fait preuve de courage, de sang-froid, au milieu des manifestations ardentes que fait naître une révolution sociale dont beaucoup d'hommes ne croyaient pas l'avénement si près, quoique le relâchement de tous les liens, le dégoût inspiré par le spectacle des affaires publiques, dussent faire prévoir un ébranlement prochain. Il participe à toutes les grandes mesures prises par le gouvernement provisoire; mais une lutte s'engage au sein du conseil, M. de Lamartine y représente la résistance, il écrit le manifeste du 2 mars, brillant morceau sous le rapport de la forme, gage donné à la paix européenne, acte fatal au point de vue de la révolution dont il enchainait la marche, dont il déguisait ou changeait le but, en un mot, un expédient plutôt qu'une déclaration.

Dans l'ivresse que la victoire donnait aux uns, dans le trouble qu'elle inspirait aux autres, toute la France applaudit à ce manifeste qui laissait debout les traités de 1815. Neuf départemens disputèrent à Saône-et-Loire l'honneur d'envoyer M. de Lamartine à l'Assemblée nationale. Paris seule lui donna 259,000 voix. Un an plus tard, le peuple avait marché en avant, la réaction ramenait la révolution en arrière, M. de Lamartine était resté entre deux; il n'eut pas dès le principe un siége à la Législative; c'est un département auquel manquait un député qui l'y envoya plus tard. M. de Lamartine est aujourd'hui rédacteur en chef du journal *le Pays*, il écrit de fort beaux articles pour combattre des ambitions qui menacent de jeter la France dans des commotions nouvelles. Ces ambitions se fussent-elles manifestées jamais si la France eût suivi une politique différente de celle qui fut tracée dans la fameuse note?

Saint-Laurent, en face de Mâcon, est une petite ville qui appartient à la Bresse et au département de l'Ain; elle a été pillée par tous les ennemis qui sont venus de ce côté assiéger la ville à laquelle elle est liée par un pont qu'elle devait défendre. Cette ville est aujourd'hui un grand marché des blés de la Bresse, un entrepôt de bois de construction. Une fontaine carrée, sur la place principale, attend une statue.

Vue de Saint-Laurent, Mâcon est fort jolie.

## XVII.

De Mâcon à Tournus. — Iles. — Villages. — Châteaux. — Colonies arabes. — Mœurs.

De Mâcon à Châlons, la Saône est semée d'îles spacieuses, cultivées, ombragées, nourrissant des troupeaux. La première qu'on rencontre est l'île de la Palme. Est-ce quelque arbuste d'orient égaré sur ce rivage, au milieu d'une végétation étrangère pour lui, sous un soleil qui se cache trop long-temps, qui lui a donné son nom?

L'île de la Palme est célèbre dans l'histoire mâconnaise par le passage que les Helvétiens y opérèrent à l'époque du séjour de César dans les Gaules, lorsque, après avoir brûlé leurs villes et leurs villages, ils vinrent chercher sur les rives de la Saône un climat plus doux que celui de leurs montagnes. Ils demandaient un asile où s'établir, on leur répondit par la mort; les légions gallo-romaines les taillèrent en pièces, les mirent en fuite. Quelques-uns avaient été assez heureux pour traverser la rivière et se réfugier dans les bois; César jeta un pont sur la Saône et les dispersa dans les environs d'Autun. Que sont devenus ceux qui survécurent?

Les fils de Louis-le-Débonnaire ont tenu dans cette île des conférences pour régler le partage des États de leur père. Des habitations et une chapelle y furent bâties au treizième siècle, pillées et détruites au seizième, durant les guerres de religion. Nous y avons vainement cherché un vestige, une ruine d'édifice.

En quittant l'île de la Palme, le bateau passe devant les villages de Saint-Jean-le-Priche, Flacé, Sancé, Sennecé, Senozan, Lassalle et Saint-Albain.

Saint-Jean-le-Priche a un beau château entouré d'un parc, dans une belle exposition. Il est dominé par le bois de Chatenay; c'est là que Saint-Sorlin, frère de Nemours, s'embusqua en 1591, attendit le passage de la femme et des enfans de Rochebaron, les enleva et ne les rendit à la liberté qu'après en avoir tiré une forte rançon.

Quelques siècles plus tard, un misérable aubergiste, dont l'habitation était sur la route, au bord du bois, séduit par l'exemple de Saint-Sorlin, mais ne pouvant retenir prisonniers et rançonner ceux qui venaient loger chez lui, prit le parti de les assassiner pour s'approprier ce qu'ils possédaient. La justice mit fin à ce brigandage en faisant brûler l'assassin.

Flacé est aux pieds de la montagne de la Grisière, et produit de bons vins; il a des carrières de pierres rouges granitelles, susceptibles de recevoir un beau poli. Il est traversé par un ruisseau appelé *l'Abîme*, nom un peu ambitieux, car ce ruisseau se borne à faire tourner quelques moulins et des scieries à pierres et à bois.

Les vignes de Sancé et de Senrecé s'étendent de même sur la pente de la Grisière. Il y a à Sancé un vieux château, celui du Parc, qui fut pris et pillé sous la ligue par les troupes de Mayenne. Sennecé n'a que des carrières de pierres rougeâtres.

Le tout petit village de Senozan, fut autrefois un comté qui avait de riches dépendances et a appartenu aux **Périgord** et aux **Noailles**. De son vieux château il ne reste plus que le colombier et les caves. Celles-ci du moins peuvent servir à loger les produits du vignoble. Une poterne, qui conduisait du château dans la campagne, supporte aujourd'hui un entrepôt de vins.

C'était au château du Parc que les juges du comté de Senozan rendaient la justice. Une vieille tour encore debout, mais veuve d'habitans depuis des siècles, quelques murs ruinés, c'est tout ce qu'on trouve du château de Lassalle, petit village qui fut autrefois l'objet d'une contestation entre un roi de France, un comte de Mâcon et un sire de Beaujeu.

Saint-Albain doit-il, comme Albigny, son nom au chef des légions gauloises ou à quelque saint ignoré du calendrier? Nous ne savons. Toute sa gloire consiste à avoir allumé la guerre, sans effusion de sang toutefois, entre un seigneur et un évêque, qui eurent Charles-le-Chauve pour arbitre, puis entre deux ordres religieux, qui prirent pour juges l'archevêque de Lyon et l'évêque de Mâcon. O détachement des biens de ce monde!

Fleurville n'est qu'un tout petit hameau; le pont suspendu qui joint le Mâconnais à la Bresse et le fait communiquer avec Pont-de-Vaux, le petit pont sur la Reyssouse placé horizontalement, la porte de l'écluse du canal de la Reyssouse donnent à la rive gauche un aspect pittoresque. Ici encore une île égaie le paysage.

Derrière Fleurville est Vérizet, riche village dont les évêques de Mâcon étaient autrefois seigneurs; ils avaient là un château fortifié, entouré de murailles, de tours, qui fut pris par les protestans, puis par les ligueurs. Il n'en reste pas de traces.

Nous ne voyons plus les montagnes que de loin, les montagnes de la rive droite; des deux côtés de la rivière s'étendent de vastes plaines que la Saône inonde plusieurs fois par an et dont elle féconde les prairies.

Quand le vapeur passe dans le chenal de la Saône, au milieu de ces plaines couvertes d'eau, on croit naviguer sur un fleuve qui a plusieurs lieues de largeur. Les flots vont au loin battre le pied de la colline; de distance en distance on voit apparaître sur les eaux une maison abandonnée, une chaussée contre laquelle un ou deux pêcheurs tirent un petit bateau, un arbre, une pointe de terre verte; c'est un spectacle grandiose et triste tout à la fois.

De loin en loin, le bord de la rivière est marqué par une maison isolée, élevée au-dessus des flots, sans communication possible avec la terre. On voit les habitans tranquillement demeurés sur le petit espace de terrain que l'eau leur a laissé, et on se prend à trembler que les flots, montant encore, effondrent leur abri et les ensevelissent sous les ruines.

Quand ces inondations ont fécondé le sol

et que les eaux se sont tranquillement retirées dans leur lit, si vous repassez là par un beau jour du mois de juin, vous voyez la verdure, l'animation, aux lieux mêmes où régnaient les flots et la solitude. On fauche, on fane, les voitures sont prêtes, les bœufs attendent, les femmes emportent sur leurs têtes, dans des linges blancs, les graines qu'on sémera plus tard ; les tout petits enfants portent les fourches, les rateaux ou traînent sur la prairie ceux qu'ils ne peuvent porter. Tout travaille ; du vieillard à l'enfant chacun obéit à l'ordre du Dieu qui a dit que le travail est la loi de l'humanité.

Dans cette plaine de la rive droite, est Montbelet, ancienne baronie, dont l'un des seigneurs, poursuivi pour ses violences et ses crimes, vit son château-fort rasé par jugement du parlement de Paris.

Montbelet est un riche bourg, qui ne compte pas moins de vingt moulins à blé, à graines et à chanvre, tant sur le ruisseau des Gravaires que sur le bief Bourbon. Là commencent les carrières de pierres de taille blanches, connues sous le nom de pierres de Tournus, et qui se travaillent facilement.

Uchizy, qui est là, près de la rive, fut l'asile d'une de ces tribus sarrasines dont nous parlions tout-à-l'heure à propos de la Bresse, et qui sont restées en France après l'expulsion de leurs compatriotes. Quelques auteurs ont cru voir dans les mœurs et les coutumes des habitans de ce village un indice de leur origine pannonienne. Leurs ancêtres auraient formé une colonie venue avec les légions conduites par Septime Sévère. L'opinion qu'ils sont fils des Maures a prévalu.

Long-temps les habitans d'Uchizy n'ont contracté de mariages qu'entre eux. Pour qu'une fille pauvre ne prît pas un mari dans une autre commune, ils se cotisaient et lui faisaient une dot. Les filles dotées ne manquent jamais d'épouseur, à la campagne comme à la ville, et le cœur des jeunes Chizerotes n'avait pas le droit de voltiger au-delà du village. Le cordon sanitaire a été brisé depuis quelques années seulement; l'amour a passé par-dessus les limites du village, et aujourd'hui les habitans se marient sans difficulté dans les communes voisines. L'histoire ne dit pas si ce fut une disette de jeunes filles ou de jeunes hommes qui a amené cette grande révolution ; elle a constaté le fait sans remonter aux causes qui l'ont produit.

Comme les Arabes, les habitans d'Uchizy n'ont long-temps employé dans leurs maladies d'autre moyen curatif que le massage ; ils n'avaient d'autres médecins que des masseurs pour les hommes et des masseuses pour les femmes. Dans beaucoup de tribus arabes, il en est encore de même aujourd'hui, seulement on y a ajouté un perfectionnement. Le malade va trouver le marabout ou le taleb, et lui dit son mal ; le marabout ouvre le Coran, copie le premier verset sur lequel ses regards se sont arrêtés, et donne le papier à l'Arabe qui le serre précieusement, le porte constamment dans son sein et s'en va tranquillement mourir ou guérir, suivant que la nature en dispose ou qu'il en est ordonné par Allah.

Un peuple qui a compté de grands médecins, de savans écrivains dans la science des maladies humaines, en est tombé à ce degré d'ignorance. La conquête française dans le nord de l'Afrique commence à modifier un peu cette soumission à la fatalité, ce découragement devant la maladie; les Arabes des tribus placées près des cantonnemens français viennent consulter les chirurgiens de notre armée, mais c'est le petit nombre, et le verset du Coran est loin encore d'avoir perdu son empire médical.

Mieux avisés, les Chizerots dans leurs souffrances appellent encore Allah, comme nous nous écrions : « Mon Dieu ! » mais ils ont pris le bon parti d'appeler aussi le secours de la médecine.

La naissance, le mariage, les funérailles, chez les habitans d'Uchizy donnaient lieu à des fêtes accompagnées de festins, de danses et de chants; nous avons retrouvé dans la Bresse, absolument semblables, les danses que l'on a décrites comme appartenant à leurs cérémonies funèbres; mais en Bresse elles n'étaient que des danses de joie et de plaisir. A Uchizy, chaque fois qu'un mort était enseveli, on plaçait dans le cercueil quelques petits meubles, quelques objets qui avaient appartenu au défunt, usage assez général dans l'antiquité et qu'on a bien tort de laisser perdre; ces objets enfouis reparaissent un jour à la surface, sous la charrue ou la pioche, et apportent leur contingent de documens pour écrire l'histoire des arts, de l'industrie des temps qui ne sont plus.

Nous avons vu à Collonges la nouvelle mariée briser son verre après avoir bu le premier verre de vin sur le seuil de la maison où elle va vivre avec son époux, et chercher dans son bris ou sa résistance un pronostic pour l'avenir; ailleurs, on jette sur les mariés des poignées de blé, on *sème les épousés* pour que l'union soit féconde. A Uchizy, le mariage était accompagné, il y a peu d'années encore, de cérémonies dont la signification ne manque pas d'intérêt. Les deux époux, accompagnés chacun de sa famille, se rendaient à l'église par deux chemins différens. C'était au temple, aux pieds de Dieu, que deux familles séparées jusqueslà, étrangères l'une à l'autre, venaient s'unir. Elles étaient arrivées séparément, elles s'en retournaient ensemble, accompagnées par des musiciens qui faisaient entendre de joyeux airs. C'était le père de l'époux qui, drapé dans un burnous rouge, prenait au retour la tête de la troupe. Il marchait seul comme un chef, son fils suivait seul aussi; la nouvelle épousée venait ensuite, également seule. L'union n'était pas encore complète. Après eux, les parens du mari, puis ceux de la mariée. On se rendait au son des instrumens à deux banquets, un pour chaque famille; les époux faisaient ensemble une apparition aux deux repas, premier lien entre les familles.

Le soir venu, tout le monde se rendait à l'église, on y faisait une prière en commun, puis les mariés partageaient un gateau entre toutes les personnes présentes et distribuaient des présens aux jeunes gens, filles et garçons de la noce. Alors venaient les danses ; quand elles touchaient à leur fin, l'épousée s'échappait, rentrait à la maison paternelle, disait adieu à ses parens, aux animaux de l'étable, au lit solitaire où elle avait reposé jusques-là, aux objets au milieu desquels elle avait vécu, et tout cela avec des pleurs et des sanglots ; le mari venait la chercher, mêlait ses gémissemens à ceux de sa femme et des parens, puis un second banquet réunissait les deux familles et leurs amis, et l'on disait un dernier adieu à la jeune vierge.

De ces usages, une partie a disparu, une partie est restée, suivant le goût, le caprice des mariés et des garçons de noces.

En fouillant le sol d'Uchizy, on y a trouvé, il y a peu de temps, des ruines de constructions romaines, portant des traces évidentes d'incendie.

Vous pouvez voir un peu au-dessus d'Uchizy, mais sur la rive opposée, le village de la Truchère et l'embouchure d'un petit cours d'eau qui descend vers la Saône après s'être vingt fois replié sur lui-même ; c'est la

Seille. La nature en a fait une rivière, l'art en a fait un canal. Elle descend du Jura et, avec le Solnan et la Vallière qu'elle y reçoit, enveloppe la ville de Louhans. Depuis Louhans jusques à la Saône, grâce à quelques affluens, elle a été rendue navigable au moyen de quatre écluses. Ce canal est d'un grand intérêt pour ce pays, car il porte les charbons de terre, les bois de construction, les grains, les vins, les fers, les tonneaux et les cercles. Une tourbière est exploitée à la Truchère.

Une île s'épanouit encore au milieu de la Saône, c'est l'île de Farges, grande et riche, bordée de peupliers, partageant son sol entre les prairies et les céréales. En face de l'île est le port du même nom; il dessert surtout les carrières de pierres blanches qui dépendent du village de Farges que vous apercevez sur la pente d'une montagne, à une demi-lieue de la route.

Ce bois qui est au-dessus de Farges, au nord, c'est le bois Boulay; là se voient encore les restes d'une voie romaine qui devait aller vers Autun.

Le bourg de Préty, le dernier centre de population avant Tournus, sur la rive gauche, garde des souvenirs d'époques bien distinctes, dates successives de l'état social perpétuellement mobile. Des pilastres, des chapitaux, des tablettes de marbre et des mosaïques, restes d'un temple ou d'un palais gallo-romains; des fours nombreux, des meules de moulin, débris d'une manutention de vivres pour les légions; quelques murs du château fortifié du moyen-âge, qui n'empêcha pas de ravager et de piller Préty, qui était alors un fief possédé par les moines de Saint-Philibert, sous la mouvance de l'abbaye de Tournus. Préty est aujourd'hui un joli bourg, qui a de vastes terres labourables, de beaux bois et de nombreuses carrières de pierres blanches.

De ce bourg dépend La Crau, dont vous voyez, tout près de la rive, les maisons et les carrières, sous une jolie colline boisée.

# XVIII.

### Tournus.

La première fois que nous passâmes à Tournus, allant à Paris, il y a long-temps déjà, nous étions huché sur la banquette de la diligence, notre place favorite, parce qu'on y respire à l'aise, que l'on voit se dérouler et passer les bois, les rivières, les montagnes, les clochers pointus ou carrés, les silhouettes des villes, leurs remparts, les longues avenues d'arbres élevés qui mènent à leurs portes, tout le magnifique panorama au milieu duquel on court dans de belles journées de printemps ou d'automne, par de belles nuits favorisées de la splendide illumination des étoiles, millions de mondes pour lesquels nous ne sommes qu'un point, si même nous pouvons être aperçus par eux, tant est restreint l'espace où nous remuons tant de passions, tant d'idées, où nous accumulons tant de souffrances sur notre pauvre humanité.

Ce jour-là, cette petite ville était pleine d'animation, elle nous parut aussi pleine d'originalité. Depuis, nous l'avons souvent regardée en passant, du pont du paquebot; nous n'y étions jamais rentré, que l'autre jour, pour la décrire, la peindre.

Quand vous arrivez à Tournus sur le steamer, par le beau temps, — c'est une réserve que nous faisons toujours, nous avons horreur de la pluie, excepté de la pluie d'orage accompagnée d'éclairs et de tonnerres, — quand donc vous arrivez à Tournus par le beau temps, cette petite ville, aux maisons blanches alignées sur le quai, offre un aspect gracieux, elle a un air de travail. Des clochers carrés, pointus, des campanilles, des arbres, couronnent la cité assise sur une col-colline et s'étendant jusques à la Saône.

Il y a des localités auxquelles on s'attache, malgré le malheur qui les poursuit, malgré la fatalité qui semble peser sur elles, et il faut que Tournus soit de ce nombre, car nulle ville peut-être n'a plus souffert de tous les fléaux, y compris la sottise, les passions et la mauvaiseté des hommes.

C'était un village de la république éduenne ; la conquête romaine en fit un camp, un magasin, un grenier pour les troupes ; les Francs y bâtirent un château-fort et une abbaye. Derrière toutes les fortifications s'abritaient des couvens. Le roi Charles-le-Chauve, par une charte du 19 mars 875, donna Tournus avec tous ses habitans, hommes et femmes, et *pour toujours*, à la Sainte-Vierge et à saint Philibert ; les habitans se seraient assez bien arrangés de la suzeraineté de la Sainte-Vierge et du saint, qui n'auraient pas été bien exigeans, mais, — il y a toujours dans les chartes, un maudit article qui gâte tout, — Charles-le-Chauve ajouta à ces deux propriétaires bienveillans et faciles l'abbé Geilon et une congrégation de moines errans à la tête desquels se trouvait l'abbé, qui se crut autorisé à percevoir, avec la sienne, la part des droits, péages, tailles, etc., qui revenait à la Sainte-Vierge et à saint Philibert.

Le roi autorisa en même temps l'établissement à Tournus d'une foire annuelle de quatre jours, dont les religieux percevaient seuls les revenus.

Tournus devint peu à peu une ville, l'abbé de Saint-Philibert devint un seigneur fort puissant et surtout fort riche, auquel fut accordé le droit de battre monnaie.

La cité et l'abbaye avaient été dévastées par les Sarrasins en 732; les Hongres incendièrent l'une et l'autre en 937; les moines de Saint-Philibert quittèrent alors le pays, se retirèrent en Auvergne, en emportant les reliques du couvent. C'était là une grosse affaire : les moines, passe; mais les reliques attiraient les fidèles qui faisaient vivre les hôteliers, aidaient à la consommation sur laquelle seigneurs et abbés percevaient des taxes. Question de finances. Un concile fut convoqué à Tournus, dans lequel on décida le rappel des moines; les reliques furent rapportées.

Pendant qu'ils étaient en Auvergne, on avait donné pour abbé aux religieux un prêtre de Langres, pays main-mortable; à leur retour à Tournus, ils s'insurgèrent et refusèrent de le reconnaître, ne le jugeant pas digne, à cause de sa condition de main-mortable, de l'honneur d'être la tête de leur gouvernement. Humilité chrétienne !

Tournus éprouva au commencement du onzième siècle une affreuse misère, quand la disette désola toute la France. On en arriva à se nourrir de chair humaine; on égorgeait les passans sur les grands chemins, au fond des bois, et les enfans qu'on pouvait attirer dans des endroits détournés, pour les manger. Un homme osa mettre en vente, sur le marché de Tournus, de la chair humaine qu'il avait fait cuire pour en dissimuler la provenance. Il fut découvert, jugé et brûlé. La chair mise en vente fut enfouie; un autre homme alla la déterrer et la mangea. On le brûla aussi; c'était bien assez de l'horreur du festin. Après la famine vint la peste qui dépeupla presque entièrement la ville. Tournus, dit l'auteur auquel nous empruntons ces détails, n'a échappé à aucun des fléaux qui ont désolé la contrée jusques au dix-septième siècle.

Tournus était aussi, à cette époque, un pays main-mortable au profit de l'abbaye de Saint-Philibert; en 1202, les habitans se rachetèrent de la main-morte en accordant aux moines quelques autres droits en échange.

La main-morte était un droit en vertu duquel le seigneur, abbé ou baron, héritait des biens de tout individu mort sans enfans légitimes; la femme et les autres parens étaient frustrés de toute succession, le main-mortable ne pouvant pas disposer par testament de plus de cinq sols, sans l'autorisation du seigneur. Dans quelques provinces, quand le main-mortable mourait, on lui coupait la main droite et on la présentait au seigneur pour montrer que l'homme n'était plus sujet à la servitude. La mort l'avait affranchi.

Il paraît que les religieux, seigneurs de Tournus, n'y répandaient pas de bien vives lumières, n'y occupaient guères leurs loisirs à l'instruction des hommes, car les annales de Tournus offrent un singulier exemple de la manière dont les actes des animaux étaient considérés et appréciés. En 1376, une truie, qui avait dévoré un enfant au berceau, fut citée en justice, amenée à la barre du tribunal ; on lui donna un avocat, elle fut défendue, jugée et condamnée. Comme elle refusa obstinément de donner les moindres explications, les juges n'admirent pas de circonstances atténuantes, et la scélérate fut bel et bien pendue aux fourches patibulaires. La commère qui n'avait rien voulu dire à l'audience, probablement dans la crainte de se compromettre, et pour empêcher de constater son identité et de découvrir les crimes qu'elle avait déjà commis, cria comme un beau diable quand elle fut accrochée à la potence, ce qui prouva évidemment le bien jugé de l'affaire.

Pendant les siècles suivans, comme toutes les cités bourguignonnes, Tournus fut victime des contestations des rois de France avec les ducs de Bourgogne, des guerres religieuses, des discordes civiles. La peste vint se mêler aux autres fléaux en 1597, et diminua de beaucoup la population de Tournus.

L'abbaye de Saint-Philibert, long-temps souveraine maîtresse de Tournus, fut sécularisée en 1627. Le pouvoir des abbés ne pouvait plus exister à côté de celui des rois; cependant les abbés séculiers de Saint-Philibert conservèrent encore à Tournus des richesses considérables.

En 1814, lorsque les armées alliées marchèrent contre la Bourgogne, les habitans de Tournus s'armèrent, allèrent au secours des Chalonnais et combattirent bravement avec eux.

Tournus, dont la population est d'environ six mille âmes, a un hôpital de cinquante lits, fondé au neuvième siècle, et qui a été rebâti et agrandi au treizième. Un hospice de charité, qui date de 1718, donne asile à quinze vieillards. L'hôtel-de-ville est de 1771; il est petit, gracieux; son perron lui donne un air monumental. Au bas de la place sur laquelle s'élève l'hôtel-de-ville, se trouve une fontaine surmontée d'une colonne de granit noir, de 5 mètres 93 centimètres de hauteur, retirée de la Saône au port de la Colonne, à Gigny, et que l'on croit avoir appartenu à un temple romain.

A vrai dire, cette fontaine n'est qu'une pompe; M. le maire et le conseil municipal de Tournus devraient bien voter les fonds nécessaires pour y amener des eaux de la colline; cela permettrait de faire disparaître cette affreuse porte de bois et cet énorme balancier de fer et de fonte qui déparent ce petit monument, précieux par son antiquité. Une autre fontaine ornée de colonnes, sur une petite place plantée d'arbres, attend tristement de l'eau. Ne pourrait-on pas en amener pour toutes deux?

Le plus important des monumens de Tournus est l'église de Saint-Philibert, ce saint auquel Charles-le-Chauve avait donné Tournus en participation avec la Sainte-Vierge et l'abbé Geilon.

L'abbaye, située au sommet de la ville,

occupait un vaste espace entouré de murailles défendues par d'énormes tours ; trois de ces tours existent encore, elles sont lourdes et sans grâce ; deux d'entre elles étranglent la rue qui conduit à l'église, en face du portail.

Nous n'avons jamais vu de temple chrétien aussi étrange que celui-ci. A peine avez-vous franchi la porte peinte d'un rouge éclatant, que vous vous trouvez sous un vestibule intérieur, espèce de *narthex*, large, peu élevé, dont la voûte est soutenue par d'énormes piliers sans ornemens, qui n'ont pour chapiteau qu'un lourd boudin; c'est sombre, triste, mais d'un monumental qui produit une certaine impression. Vous arrivez par une arcade dans la nef principale, soutenue par huit épaisses et lourdes colonnes, du même style que celles du vestibule. Des clochetons tout frais taillés, engagés dans les murs où n'est pas leur place, encadrent une chapelle sans goût.

Mais arrivez au chœur, l'aspect va changer ; autant le reste de l'édifice est lourd, autant cette partie en est légère, gracieuse. Ce sont les mêmes pierres, de la même blancheur, mais ici elles sont découpées en charmantes colonnettes qui entourent le chœur, suivant les contours de l'abside, et sur lequel s'élève une élégante coupole. Tout cela est à jour, l'air y circule. A l'abside principale s'en relient plusieurs, qui sont sur un plan inférieur et dans lesquelles on a élevé de petites chapelles.

Toute cette église est en pleine restauration ; on enlève des maçonneries, on redonne du jour à des parties à qui on l'avait dérobé, on taille des chapiteaux. Malheureusement, on couvre tout cela d'un badigeon d'une blancheur qui fait mal aux yeux. Pas une verrière de couleur, pas le plus petit vitrail pour tempérer ce ton si cru. Deux ou trois petit lambeaux de fresques ont seuls été respectés.

Nous avons trouvé dans une chapelle à gauche un tableau remarquable : une adoration de l'enfant Jésus porté sur les mains de la Vierge qui le présente à un moine agenouillé. Ce tableau est malheureusement éraillé et troué.

A l'extérieur, cette église n'est pas moins étrange qu'à l'intérieur : une façade où l'antique se mêle au moderne, le tout affreux à voir; un portail qu'on ne peut pas classer. Trois clochers, ou tours carrées, élevés, en pierres de différentes couleurs, à plusieurs étages, vraiment beaux tous trois. Les deux qui couronnent la façade viennent d'être refaits; ils sont à peine achevés; ils menaçaient ruine et l'un d'eux s'était incliné d'une manière sensible.

Tout près de l'église, du côté de l'abside, nous avons trouvé une maison en style roman, bien conservée à l'extérieur et du plus gracieux effet; on la voit très bien de la rive gauche de la Saône, près des tuileries. C'est aujourd'hui une fabrique de couvertures. Un ouvrier cardait de la laine dans une salle ouverte sur une petite rue, et dont la voûte surbaissée était découpée par de vigoureuses nervures.

Tournus a d'anciennes rues bâties en

arcades, des rues de Rivoli au petit pied; des maisons qui surplombent, des promenades fort belles où nous n'avons trouvé personne. Le calme partout.

Le pont de Tournus est assez original : les piles en pierres sont celles d'un ancien pont dont les arches étaient en bois. La concession accordée aux propriétaires allait expirer; ils en demandèrent la prorogation en offrant de le transformer; ils l'obtinrent, et de petits tabliers suspendus remplacèrent les arches. La concession expire de nouveau dans quelques mois, et les habitans voient arriver cette époque avec une vive satisfaction, car le péage est fort cher, pour les voitures surtout, et son affranchissement ne peut qu'aider à la circulation. Il ne suffit pas d'avoir des marchés chaque semaine, douze belles foires, sur un beau préau planté d'arbres, il ne faut pas que le passage du pont arrête sur l'autre rive l'habitant des campagnes.

L'État, en même temps qu'il va prendre possession du pont de Tournus, doit faire draguer le port, obstrué aujourd'hui par un banc de sable et de gravier, qui a forcé les steamers à établir leurs pontons à l'extrémité de la ville.

La population de Tournus est tout entière livrée à l'industrie ; cette ville a des moulins, des entrepôts et des scieries de pierres, des fabriques de poterie, de potasse, de bleu ; des tanneries, des teintureries, des carderies, des manufactures de couvertures de laine et de coton, des brasseries de bière, etc. Les vins sont une des plus importantes productions du canton de Tournus, mais ils sont d'une qualité médiocre. On n'est plus dans le Mâconnais, et on n'est pas encore en Bourgogne. On a voulu tirer parti de ces vins en les brûlant ; plusieurs distilleries ont été établies, et l'on fabrique aujourd'hui à Tournus de bonnes eaux-de-vie. Le marc du raisin, coupé, broyé, réuni en mottes, ou petits pains carrés, sert au chauffage, comme le tan.

De tous les établissemens industriels de Tournus, le plus considérable est la fabrique de sucre de betterave, dont les divers travaux et manipulations occupent, soit au-dehors, soit au-dedans, environ cinq cents personnes. Sous l'habile direction de MM. Lanet et Charbonneau, cette usine est arrivée à un haut degré de prospérité, et ses produits rivalisent avec ceux des colonies. Elle occupe un périmètre immense ; c'est une ville dans une ville ; elle afferme des champs considérables, et vous pouvez voir ses nombreuses et hautes cheminées se dessiner sur l'azur du ciel. Ce sont là les tours fortifiées de la civilisation et de l'industrie, la grande nourrice des hommes, après la terre.

## XIX.

De Tournus à Chalon. — Rive droite, Bresse chalonnaise.

Du pont de Tournus, si l'on regarde vers le nord, on voit la campagne s'ouvrir large, verte, belle; l'horizon s'agrandit; la colline de la rive droite, doucement inclinée, décroît peu à peu et s'efface. Bientôt, sur les deux rives, c'est une plaine unie; le steamer marche long-temps sans qu'on aperçoive des villages, ils sont loin du bord, tout est prairie et rien ne rompt la monotonie du paysage, sinon quelques bouquets de bois qui semblent s'être détachés des forêts éloignées pour s'épanouir plus à l'aise dans les prés.

Sur la rive droite, le premier de ces bouquets est le bois de la Vesvres, vous cachant le village de Boyer, et que traverse encore une chaussée romaine, reste d'une des grandes voies qui reliaient l'une à l'autre toutes les cités bourguignonnes. Ce hameau dans la plaine qui se détache sur le bois de Montrond, s'appelle *la Venière*. Là, à deux cents mètres de la Saône, sont restées debout sur la prairie deux pierres druidiques, deux *menhirs*, dont l'un a plus de neuf mètres de hauteur et qui ont survécu aux Gaulois. Combien de siècles ont-ils vu passer ! Que de flots ont roulé à leurs pieds ! Combien de générations ont-ils vu naître et s'éteindre ! Que de religions, de croyances, dont ils ont vu les cérémonies, les fureurs, les sacrifices, l'inanité ! Combien de dominations se sont appesanties sur le pays et ont disparu, depuis le jour où les prêtres de nos aïeux vinrent les consacrer ! Si tous les dominateurs de la contrée y eussent écrit leurs noms, leurs faces en seraient couvertes; de combien se souviendrait-on ? Pierres détachées de quelque roche de la montagne, il est donc bien vrai que vous durez plus que les lois, les institutions, les cultes! Nous autres hommes, si vains de notre intelligence, que sommes-nous dans le grand livre du monde où vous marquez une page?

Gigny, le premier village qui s'étale au bord de la Saône, n'a d'autre gloire que celle d'avoir long-temps porté la colonne milliaire qui est maintenant sur la place de Tournus. Les chanoines de Chalon et les moines de Tournus lui ont un moment donné quelque importance en se disputant son église. Dans cette grande guerre, les moines furent battus et se plaignirent vainement au pape, les chanoines triomphèrent.

Le second village est Marnay, et la rivière qui se jette dans la Saône après l'avoir entouré dans ses plis, est la Grosne. Elle a suivi le paquebot, en sens inverse de la Saône, depuis les montagnes de Beaujeu où elle prend sa source; mais elle a fait de capricieux détours, laissé Mâcon sur sa droite; visité Cluny, reçu d'autres rivières, la Guye, la Gouleuse, le Grison, qui l'ont rendue flottable, avant d'arriver à Marnay. Il y a sur la Grosne beaucoup d'usines, papeteries et moulins ; elle est bordée de riches prairies ; malheureusement l'été la met à sec pendant deux mois, ce qui empêche de faire servir à la navigation un cours d'eau vraiment considérable.

A Saint-Loup, il reste encore quelques parties habitées d'un château-fort du moyen-âge ; quelques tombes ont été trouvées dans une ancienne sépulture qu'on appelle *la Fosse aux Romains*.

Saint-Remy qui apparait sur la colline, un peu avant Chalon, est une commune importante traversée par la route de Paris et par trois rivières, la Corne, l'Orbise et la Thalie, deux noms gracieux. C'est au château de Taisé, hameau de Saint-Remy, que fut conclu entre Henri IV et le duc de Mayenne le traité dont nous avons rapporté les principales conditions, et qui enleva Mayenne aux ligueurs.

Sur la rive gauche s'étend la Bresse châlonnaise, plaine, vaste, fertile, ondulée en monticules et en petits vallons, au milieu de laquelle s'élève un plateau dont la hauteur est évaluée à 35 mètres au-dessus de la Saône. Du pont de Tournus, vous avez vu la route qui traverse la plaine au sud, allant à Louhans, comme vous verrez à Chalon celle qui la traverse au nord pour se rendre à la même ville. Trois cours d'eau, le bief de Loire, le Tenare et la Noue, deux ruisseaux sans nom et un unique village, Ormes, animent seuls cette longue rive.

Le bief de Loire descend des bois de Molaize vers la Saône, à laquelle il se mêle un peu au-dessus de Tournus; le Tenare et la Noue font un assez long trajet avant de s'unir et d'arriver à la Saône au-dessus d'Ormes.

Ormes est un village assis sur une colline, qui compte mille habitans, a un port et un bac sur la Saône. On y fait un commerce actif de bois de charpente, de cercles et d'échalas pour les vignes; il y a des étangs, des moulins, un four à chaux et un four à briques.

Sous la domination romaine, il y avait à Ormes un pont et une cohorte qui gardait le passage de la Saône. La féodalité y a bâti successivement deux châteaux qui ont légué aux emplacemens où ils furent élevés et où ils tombèrent, les noms de *Donjon* et de *Châtelet;* mais elle a laissé le pont s'écrouler, si même elle ne l'a pas détruit pour défendre une rive contre l'autre.

# XX.

### Chalon.

Toutes les villes bourguignonnes ont parcouru les mêmes phases, ont appartenu aux mêmes dominations, ont subi les mêmes malheurs. Ancienne ville de la Gaule celtique, faisant partie de la république des Edues, Chalon devint, après la conquête romaine, le magasin de blés des légions, un centre important de commerce. Il y a des destinations qui ne changent pas : les légions ne sont plus, Chalon est encore un entrepôt des blés de Bourgogne.

En fouillant le sol chalonnais, on y découvre souvent des débris précieux de l'époque romaine. Objets d'art qui ornaient les

CHALONS.

demeures, objets religieux qui appartenaient aux temples, l'incendie a tout couché dans le même cercueil. Des inscriptions sur des pierres votives, de nombreuses figurines de Mercure attestent que les Chalonnais rendaient un culte tout particulier au dieu du commerce; sous ce rapport encore, ils ont peu changé, ils ne l'adorent pas, mais ils le servent avec intelligence.

L'empereur Auguste visita Chalon, grenier de ses soldats; trois siècles plus tard, un autre roi y vint à son tour, mais à la tête de nouveaux conquérans, les Germains; il pilla, incendia la cité, en massacra les habitans. Probus, pour consoler ceux qui survivaient, introduisit ou développa la culture de la vigne sur les coteaux chalonnais. Constantin s'arrêta deux fois à Chalon, en 312 et 314; il y rendit une loi qui défendait de marquer au front les criminels, « pour ne pas souiller l'image de la divinité. » Dans nos possessions du nord de l'Afrique, quinze siècles après Constantin, vous trouvez des femmes marquées d'un fer chaud à la joue; vous pouvez compter sur leur visage combien de fois elles ont été vendues.

Les Vandales ravagèrent Chalon, Attila l'assiégea en 451, la prit et y mit le feu, pour la punir de sa résistance, car elle n'a jamais succombé sans lutte. Cent ans après, elle fut de nouveau assiégée, saccagée, brûlée par un fils de Hlother I<sup>er</sup>; un autre fils du même roi la releva et en fit la capitale de la Burgundie. Les Sarrasins la dévastèrent en 732; Waifre, duc d'Aquitaine, en brûla les faubourgs trente ans après. Charlemagne répara une partie de ses ruines. Hlovig (Louis) le-Débonnaire y fit crever les yeux à Bernard, roi d'Italie, son neveu, pour prouver sans doute qu'il avait bien mérité son surnom de Débonnaire. Un fils de Hlother la réduisit en cendres et en fit égorger les habitans. Les Hongres s'en emparèrent en 937; Louis VII la prit d'assaut en 1168, pour punir les violences et les rapines de son seigneur et maitre le comte Guillaume. Les Ecorcheurs en brûlèrent les faubourgs en 1366.

Dans la guerre entre Louis XI et Charles-le-Téméraire, leur duc, les Châlonnais prirent parti pour celui-ci; après la mort du duc de Bourgogne, l'armée royale vint assiéger Chalon et s'en empara. La Trémouille, qui commandait les troupes, exerça dans la ville toute sorte de violences, de rapines et d'horreurs; quand il trouvait trois ou quatre bourgeois réunis, il les faisait lier ensemble et jeter à la rivière; il fit périr ainsi ou sur l'échafaud les principaux habitans de Chalon et s'empara de leurs biens. L'exemple donné par Septime Sévère devait trouver des imitateurs.

Le roi Charles VIII fit, en 1494, une entrée solennelle à Chalon, habillé en chanoine, avec le surplis et l'aumusse. Le fils du Sicambre ne se bornait pas, comme lui, à courber la tête devant le prêtre; il en revêtait les habits. La peste ravagea Chalon en 1495. On ne trouva pour la faire cesser d'autre moyen que de jouer un mystère composé par un chanoine, en l'honneur de M. saint Sébastien, glorieux ami de Dieu. L'art dramatique allait naître en France de la superstition.

François Ier fit bâtir des fortifications à Chalon en 1521 ; Charles IX y fit construire une citadelle en 1563, « afin de tenir la ville en subjection et les habitans en cervelle, » disent les historiens du temps.

Pendant la ligue, Chalon tint pour Mayenne et lui fournit des subsides ; les troubles de la Fronde vinrent l'agiter encore.

Nous avons abrégé ce tissu d'horreurs, de crimes, de meurtres, de pillages ; l'histoire des temps anciens de Chalon, des malheurs soufferts par ses habitans inspirerait un profond dégoût.

Chalon envoyait deux députés aux Etats-Généraux de Bourgogne tenus tous les trois ans. La révolution y fut accueillie avec vivacité, avec amour. Chalon ne s'était jamais laissée envahir sans combat : quand l'armée autrichienne se présenta devant cette ville en 1814, le général Legrand l'occupait avec un seul détachement de deux cents hommes, faible ressource contre une armée. La garde nationale de Chalon, celle de Tournus se joignirent à eux, élevèrent des barricades sur le pont de Chalon et défendirent le passage de la Saône. Que pouvaient les efforts de quelques braves foudroyés par l'artillerie ennemie? Ils tinrent aussi long-temps que leurs forces le permirent. Si cette conduite, ce dévoûment à la patrie eussent été imités partout, si les gardes nationales se levant au bruit du tocsin eussent défendu le pays sous la conduite de généraux fidèles, l'armée ennemie eût pu entrer, elle ne serait pas sortie.

Souvenirs de cette époque désastreuse, vous ne revenez jamais sans oppresser notre cœur.....

A la ville nouvelle de Chalon il ne reste rien des temps féodaux que son vieux pont, la porte fortifiée de la place de Beaune, près de laquelle sont encore des vestiges de remparts; une église dont les clochers démolis viennent d'être reconstruits et quelques maisons romanes de bon goût. Sa belle position sur la Saône, son joli quai sont de toutes les époques. Comme au temps des Romains, elle est redevenue une ville de transit, de commerce; la civilisation y a ajouté le travail et des voies de transport qui l'appellent à une grande prospérité.

Sa population est d'environ quinze mille âmes; le commerce y a de vastes entrepôts de vins, de fers, de charbons, de merrains, de bois de construction et de chauffage; l'industrie y a créé des filatures de laine, des brasseries d'excellente bière blanche, des fabriques de sucre, de bleu, de briques, de tuiles, des manufactures de chapeaux, des moulins à blé et à huile, mus par la vapeur. Vous pouvez en voir les hautes cheminées entre la route de Lyon et la Saône, au sud de Chalon. L'huilerie qui est installée avec le moulin à blé est l'établissement de ce genre le plus important de la contrée; Marseille et le nord de la France peuvent seuls en offrir qui l'égalent. Elle reçoit la plus grande partie des colzas du pays.

Le directeur de cet établissement a pensé qu'il trouverait plus d'avantages à élever des porcs et à les nourrir du son de son usine qu'à livrer ce son au commerce; cette spéculation a parfaitement réussi, et l'on voit dans l'usine un troupeau de porcs très considérable, de diverses espèces, et qui donne de beaux produits. Cet exemple de succès peut servir aux meuneries.

Le commerce des bois et la construction des bateaux pour le Rhône, la Saône et les canaux sont deux grandes sources de travail pour Chalon. La dernière a donné lieu à une industrie spéciale dont cette ville a le monopole, ou à peu près; on ne le lui a pas donné, elle l'a pris, elle l'exerce, mais ne l'impose pas. Les constructeurs de bateaux ne les vendent pas, ils les louent : les marchands de charbons, de vins, de fers, de minerais, qui mènent ces marchandises à Paris ou à Lyon, affrètent un bateau à prix débattu, pour un ou plusieurs voyages. Des maisons de Chalon possèdent de quatre-vingts à cent bateaux, qui valent de 2,000 à 2,400 f. chacun.

Les usines à fer de Saône-et-Loire qui chauffent au bois, livrent du commerce les écorces destinées aux tanneries du bassin de Lyon; il en vient une certaine quantité du

Verdrat, de Gueugnon, de Perreuil; elles descendent à Chalon par le canal.

En face de l'écluse du canal du Centre, sur le bord opposé de la Saône, dans une île, est une succursale du Creuzot. C'est là que se construisent les coques en fer des magnifiques steamers du Rhône. Au Creuzot les machines, à Saint-Laurent le bâtiment. Cet atelier, dirigé avec habileté par M. Monnier, a occupé jusques à six cents ouvriers. C'est de son chantier qu'est sorti dernièrement le joli bateau *l'Ariel*, appartenant au pacha d'Egyte. Les machines ont été faites sur les plans de M. Mathieu. Sa marche garantie est de 24 kilomètres par heure en eau morte.

C'est une galanterie que le pacha fait à ses femmes, qui remonteront le Nil sur *l'Ariel* et suivront le vice-roi dans ses promenades et ses voyages.

A Chalon commence la côte bourguignonne, où se récoltent les grands vins, les Givry, les Nuits, les Beaune, etc., qui jouissent partout d'une réputation méritée.

Six foires annuelles attirent à Chalon un concours immense; on y vend surtout des fers, des cuirs, du bétail et des chevaux. Ces foires ont une haute importance commerciale, non-seulement à cause des opérations qui s'y font, mais parce qu'elles servent à fixer les prix régulateurs des fers et des cuirs pour toutes les usines de la contrée et du midi. Aussi les chefs des établissemens industriels s'y rendent-ils de fort loin. C'est une sorte de bourse, de congrès du travail.

La Saône et la Loire sont séparées par une chaîne de montagnes; l'une va à la Méditerranée par Lyon, Avignon et Arles, avec le Rhône; l'autre descend vers l'Océan par Roanne, Nevers et Nantes. Franchir les montagnes qui les séparent, unir les contrées qu'elles parcourent, relier les deux mers, était une belle et grande conception, le canal du Centre l'a réalisée. Son point de jonction avec la Loire est à Digoin; son embouchure dans la Saône est à Chalon. En arrivant par le paquebot, on passe devant le pont et devant la porte de la dernière écluse.

On fait remonter au commencement du seizième siècle la pensée de la création de ce canal; les guerres désastreuses de François I$^{er}$ en firent ajourner le projet. Sous Louis XIII, des études furent faites, qui constatèrent la possibilité de l'exécution; les guerres de Louis XIV la firent retarder encore; enfin, sous Louis XVI, on commença à y travailler. Il fut achevé en 1791; la navigation y fut établie dans l'hiver de 1793 à 1794.

Dans la chaîne de montagnes qui divise les deux bassins, il est un point où les crêtes s'abaissent, comme pour laisser à l'homme une route plus facile, de la Saône à la Loire; c'est là qu'est le bief de partage, entre les étangs de Mont-Chanin et de Long-Pendu, sur un point qui a 133 mètres au-dessus du niveau de la Saône à Mâcon. Le canal a 116 kilomètres de parcours; il est fermé par 81 écluses, alimenté par 35 aqueducs et traversé par 62 ponts.

C'est pour célébrer l'inauguration de ce travail si important, si fructueux, de cette voie nouvelle ouverte à la circulation que fut érigé l'obélisque que l'on voit dans la Grande Rue de Châlon, sur la route de Paris. Il était naguère à la tête du canal, il s'en trouve maintenant un peu éloigné ; ce n'est pas lui qui a changé de place ; le canal s'est retiré pour laisser venir le chemin de fer.

Le chemin de fer est envahisseur, il est sans pitié ; le pittoresque, le beau ne le touchent pas le moins du monde ; il est brutal comme un chiffre, froid comme un rail ; pourvu qu'il gagne du terrain, il avance sans regarder ce qu'il froisse ou renverse ; il ne s'occupe que du prix qu'il doit donner en échange de ce qu'on lui cède. Il a coupé de magnifiques arbres pour ouvrir son embarcadère.

Il faut cependant lui rendre cette justice, qu'à Châlon, moins qu'ailleurs, on s'aperçoit de la privation d'une promenade ; il en reste deux, plantées de très beaux arbres : une à Saint-Laurent, l'autre à l'extrémité nord de la ville, au-dessus de la prairie ; on n'y voit personne que quelques amours qui s'y égarent: la foule se porte le dimanche sur le quai poudreux. L'habitude et la mode l'ordonnent. Les dames de Chalon sont belles, et c'est là qu'on les voit.

Chalon a aujourd'hui trois ports qui rivalisent d'activité, correspondent l'un à l'autre, apportent le travail et des élémens de prospérité et de richesse. Le port de la Saône qui reçoit tous les arrivages du midi, de Lyon, des côtes beaujolaise et mâconnaise, tous les paquebots et les gondoles qui lui donnent incessamment des marchandises et des voyageurs; le port du Canal, magnifique ouvrage, creusé dans l'intérieur de la ville, où stationnent également les bateaux chargés qui descendent de l'intérieur du pays vers Lyon et les rives du Rhône, et ceux qui remontent pour porter à l'Océan et aux contrées intermédiaires les produits méridionaux; enfin, le port sec, le plus récemment créé, celui de la civilisation moderne, celui de la dernière conquête réalisée par l'industrie, la gare du chemin de fer. Ces deux-ci, tout près l'un de l'autre, se regardaient comme deux rivaux; on travaille en ce moment à les mettre en communication.

Les monumens de Chalon sont peu nombreux. L'hôpital, l'hôtel-de-ville, le palais-de-justice et une fontaine. L'hôpital est de tous le plus agréablement situé, dans l'île Saint-Laurent, à demi enveloppé par de beaux arbres; sa façade se dessine admirablement sur le quai de l'île; elle se lie très bien au pont dont on a beaucoup trop critiqué les obélisques. Ces deux monumens, vus du port, donnent à Chalon un aspect grandiose. Mais il y a des gens qui n'aiment rien que la ligne droite, sans saillie, sans rien qui arrête ou repose la vue. Ce sont ceux qui coupent les arbres pour montrer des maisons enfumées, qui, au lieu de belles fontaines, plantent une borne pour donner de l'eau; ils ne mettront jamais une statue sur un monument.

Le quai de Chalon est bordé de maisons élégantes et l'aspect de la ville est fort beau, surtout quand les eaux élevées de la Saône, passant largement sous le pont de Saint-

Laurent, dessinent vigoureusement les contours de l'île, inondent la plaine, couvrent la prairie au nord, caressent les abords de de la route qui communique à la porte de la citadelle et battent le pied des vieux remparts. C'est une véritable mer qui s'ouvre devant vous, à perte de vue, sillonnée seulement par de rares bateaux qui descendent de Gray et par des gondoles à vapeur qui y montent. C'est un spectacle grandiose ; nous nous sommes trouvé un jour tout seul à l'admirer ; il faut que les Chalonnais soient un peu blasés sur ce genre de beauté.

Nous n'avons vu nulle part un cimetière plus gracieux que celui de Chalon ; cela va paraître bien étrange, mais il y a peu de jardins aussi fleuris. A Paris, le père Lachaise est autrement grandiose ; à Lyon, Loyasse est sévère ; à Chalon, le cimetière est frais et paré. Les Chalonnais doivent avoir un grand culte pour les morts, puisqu'ils ont ainsi embelli leur dernier asile.

Nous le visitâmes au milieu d'avril ; jamais autant de fleurs n'avaient frappé nos regards ;

des primevères de toutes nuances, des cinéraires, des calcéolaires, des roses du Bengale, des fleurs de toutes couleurs, dont les noms nous sont inconnus, dont la forme même nous est étrangère, des violettes partout. Des vases de porcelaine contenaient les uns des fleurs artificielles, les autres des bouquets réels. Des femmes venaient essuyer une larme sur la tombe de leur époux, des enfans sur celle de leur père; nous étions étranger au milieu de cette population qui dort pour toujours et de celle qui survit pour pleurer; mais le matin nous avions serré la main d'un ami dont nous trouvâmes le père et la mère, morts depuis quelques mois, à peu de jours d'intervalle, et couchés côte à côte sous la même pierre. L'un n'avait pas pu survivre à l'autre, ils s'étaient réunis.

Le département de Saône-et-Loire a fourni des illustrations à toutes les carrières. Aux lettres, Champier, Paradin, Guichenon; aux sciences, Guy-Patin; aux arts, Greuze, Prudhon, Granjean, qui a perfectionné l'imprimerie; à la politique, Reverchon, conventionnel, Roberjot, ambassadeur, assassiné par l'Autriche; à l'armée, les généraux Richepanse, Duhesmes, Petit, Freissinet, exilé en 1815, Poinsat; à la justice, le président Jeannin.

M. Ragut, bibliothécaire de Mâcon, a publié une statistique de Saône-et-Loire, en 2 vol. in-4°, livre fait avec soin et talent, que nous avons consulté souvent.

# XXI.

### Voyage de nuit.

Cette course pittoresque, à travers ces beaux pays, que nous venons de faire sur le steamer, le voyageur la fera-t-il long-temps ainsi? Combien viendront bientôt de Paris à Lyon et ne verront plus ces rives que leur originalité, leurs ruines, leurs richesses, leur splendide végétation, leurs souvenirs recommandent aux artistes cherchant les sites que reproduira leur pinceau, et à ceux qui demandent aux murs écroulés, aux habitations qui s'élèvent, à la culture perfectionnée des champs et des vignes, les souffrances passées et les progrès de la génération actuelle? Dans quelques années le chemin de fer de Paris se prolongera vers Lyon, sur les plaines et sous les collines de la rive droite; vous irez avec rapidité; quinze heures suffiront pour courir de la grande capitale à la seconde ville de la république; vous passerez devant les cités, devant les villages, vous ne connaitrez plus ce qu'ils renferment de grâce et de beauté, vous aurez gagné quelque heures sur le voyage d'aujourd'hui.

Pour faire concorder l'arrivée et le départ des bateaux avec ceux du chemin de fer à Châlon, les paquebots ont établi un service de nuit. A l'heure où naguère le port était calme, tranquille, désert, où la vapeur se reposait, un bateau chauffe et s'élance; il est six heures du soir, il marchera toute la nuit, ne s'arrêtant plus qu'à quelques pontons privilégiés. Depuis Beauregard jusqu'au point d'arrivée, il ne touchera qu'à Mâcon, il n'a pas de temps à perdre, un autre vapeur l'attend à Châlon pour emporter les voyageurs sur les rails, à travers les montagnes, les fleuves, les ruisseaux et les étangs, à tire d'aile, jusques à Paris.

Ce voyage de nuit, sur la Saône, est plein d'étrangeté ; tout a changé d'aspect, ce sont d'autres beautés et en même temps des idées différentes qui viennent assaillir votre esprit, plus tenaces parce que vous êtes moins distrait par les grâces toujours changeantes du paysage. Le jour vous vivez par les yeux, la nuit par l'âme. Dans les voyages maritimes, vous ne voyez que les étoiles du ciel, des vagues hautes et sombres, parfois éclairées à l'avant par le fanal protecteur indiquant votre passage à ceux qui courent comme vous sur cette immensité, vagues déferlant avec fracas contre les flancs du navire.

Ici, point de lames phosphorescentes jetant leurs étincelles, comme sur la Méditerranée, point de poissons volans décrivant dans l'espace leur courbe rapide, comme dans l'Atlantique ; la lune argente les longs plis des vagues soulevées par le vaisseau, large manteau attaché aux épaules du monstre et qui voltige sur ses flancs. Les arrêtes des collines et des montagnes se dessinent sur le ciel, les villages sont mornes et silencieux comme des tombes abandonnées. Les étoiles seules vous sont fidèles et semblent vous suivre.

Parfois, au fond d'une vallée, une lumière brille dans une maison solitaire. Que se passe-t-il là? Est-ce un beau roman d'amour qui commence dans le calme et le silence? Quel triste drame s'y dénoue? Est-ce un père qui meurt, une mère qui attend son fils attardé au loin par le travail? Pourquoi le sommeil ne plane-t-il pas sur cette demeure comme sur les autres? Pourquoi veille-t-on? Et vous vous faites le roman de la chaumière; vous le faites à deux, si vous êtes deux, jusqu'à ce qu'une distraction nouvelle emporte le roman et vous jette d'autres idées.

De loin en loin on voit apparaître sur la rivière un tout petit point d'un rouge éclatant ou une étoile blanche; l'obscurité ne vous permet pas de distinguer autre chose. Est-ce quelque monstre dont la prunelle flamboie et qui vous attend au passage, qui s'avance vers vous? C'est un bateau qui passe, comme le vôtre, durant la nuit, pour profiter des heures fugitives; c'est la gondole dont la vapeur ne s'arrête pas. Ce point rouge, cette étoile blanche luisent à leur proue afin de vous indiquer le péril. Passez sans les toucher, eux et vous seriez brisés dans le choc.

Tout-à-coup une vive lueur apparaît, une torche agitée, donnant une large flamme, trace dans l'espace des figures mobiles, hiéroglyphes pour le voyageur, langage flamboyant pour le capitaine et le pilote du bateau. C'est là le phare qui indique aux mariniers non point l'écueil, mais la passe, l'arche navigable du pont de Mâcon.

Tout est bizarre et mystérieux ; une ville vous apparaît dans le lointain, Chalon, splendidement illuminée, à votre gauche. Quelques pas encore et vous y touchez. Vous marchez, vous entendez le bruit des roues, les rives s'enfuient... la ville disparaît comme un éclair perdu, comme un bolide éteint dans l'immensité. Plus rien ; vous vous demandez si c'est une vision. Vous avancez encore, les lumières scintillent de nouveau, la ville est à votre droite, au loin, dans les terres.

Vous croyez rêver. Vous serez tout-à-l'heure à ses pieds, le long de son quai; vous l'aurez à gauche.

Un petit canot passe, monté par une jeune femme et un homme, doucement balancé dans les vagues soulevées par notre bâtiment et nous rappelle nos chants d'autrefois, alors que nous passions aussi dans notre petite chaloupe qui courait fière sous sa voile latine.

L'inondation a emporté la chaloupe vers la mer, le temps a emporté bien autre chose vers la grande mer de l'éternité.

Peu de contrées ont vu, sur un espace aussi restreint, autant de grands événemens que les rivages de la Saône sur lesquels ont tour à tour flotté les étendards de France, de Bourgogne, d'Allemagne et de Savoie. Favorisées par le morcellement du territoire établi par la féodalité et qu'elle a maintenu aussi long-temps qu'a duré sa puissance, que d'ambitions ont éclaté! Que de vaillans faits d'armes elles ont amenés! Que de crimes engendrés! Combien d'hommes sont tombés aux pieds de ces tours, derrière les fossés de ces châteaux, aujourd'hui disparus, ou démantelés, ou transformés en habitations modernes! Que de sang a coulé dans cette rivière qui arrose et féconde ces verdoyantes rives!

Il n'est pas un des petits cours d'eau traversant le pays dont le passage n'ait été disputé cent fois, pas un bois qui n'ait caché dans son ombre une troupe embusquée pour surprendre l'ennemi. La Saône a vu plus de combats que les bords du Rhin, cet éternel champ de bataille de nationalités armées les unes contre les autres par des intérêts qui n'étaient pas toujours ceux des peuples. Les bataillons étaient moins nombreux, les généraux moins habiles, et la postérité ne leur élève pas de statues, mais la fureur n'était pas moins grande, la mort moins cruelle. Tout cela devait arriver invinciblement à la destruction de ces petites puissances qui se partageaient le sol, à l'unité de la France.

Conservez-la précieusement, cette unité qui est votre force, votre sauvegarde, le palladium de votre indépendance; repoussez tout projet qui tendrait sournoisement à la détruire ou à l'altérer. Dans les temps de réorganisation sociale, comme ceux où nous sommes, il n'est si folles idées qui ne se produisent et ne trouvent des partisans. L'humanité comptera bien des jours encore avant celui où les peuples en paix jouiront tranquillement des fruits de la terre et du travail ; si l'unité française venait à être brisée aujourd'hui, le morcellement ne se reproduirait pas tel qu'il fut dans les siècles passés, mais sous quelque forme qu'il pût se manifester, vos enfans reverraient tous les maux qui ont accablé vos pères.

Sur ces rives, pas un point qui ne garde souvenir des destructions opérées, des ruines accumulées par les guerres religieuses. Qu'ils sont vrais ces beaux vers de Casimir Delavigne, dans *les Adieux à Rome* :

> Un culte même est passager ;
> Il souffre, persécute et tombe.

Le culte d'un dieu unique qu'adoraient les druides gaulois, refoulé violemment par le polythéisme romain; les chrétiens arrosant la terre du sang de leurs martyrs, puis renversant les temples payens et s'entredéchirant pour des abstractions que des nuages dérobent aux regards de l'intelligence humaine; les Iconoclastes brisant ou brûlant les images dont les arts honorent la religion; les catholiques et les réformés levant des armées, pillant tour à tour les mêmes villes; des populations entières égorgées. Que de souffrances, que de cris de douleur, pour arriver enfin à travers ces luttes à la proclamation de la liberté des consciences et des cultes!

Gardez-la aussi avec soin, cette liberté si chère; veillez sur elle, qui vous permet de rendre à votre Dieu le culte que vous préférez; ne la laissez jamais ravir, songez à tout le sang que sa conquête a coûté; l'oppression de la pensée est la plus cruelle, la plus implacable de toutes.

Sous les bois sombres que la lune vous montre, mais n'illumine pas, toute la sombre histoire des temps anciens se dresse devant vous; elle défile, tantôt grotesque et narquoise, tantôt sombre et l'œil en feu, trainant de sanglans oripeaux qu'elle sème sur son chemin ; vous revenez aux jours du moyen-âge ; vous revoyez en action les légendes bressannes des chasseurs nocturnes. Des chiens aboient au loin derrière les saules, les ormes et les noyers ; vous croyez entendre leurs meutes courant à travers les halliers, sur les traces d'un cerf fantastique, feu follet qui va se perdre dans les marais.

Ailleurs, les cimes des arbres dépassant la crête de la montagne ressemblent à des soldats qui veillent, prêts à marcher au premier signal, à descendre sur la vallée, comme un orage.

Ici, la course du vaisseau, combinée avec le jeu de la lumière, vous fait apercevoir dans les forêts, de longues files d'hommes qui descendent les pentes. Ce sont les druides qui vont faire un sacrifice dans la partie la plus sombre du bois sacré. Là est le gui du chêne, là est la pierre religieuse, le dolmen, le Menhir, l'autel où le sang va couler.

Quelque chose a semblé reluire sous un rayon égaré, ce sont peut être les fers des lances que portent les soldats du sacrificateur. Mais la victime? Oui, la victime? Qui va tomber sous ce fer brillant? N'entendez-vous pas des cris? Ce sont des cris humains; oui, une voix jeune, stridente, qui proteste, qui maudit, qui jette à la terre et au ciel les plus horribles imprécations. Cet homme ne veut pas mourir...

Une autre voix se mêle à la sienne; ce sont des accens plus aigus, une voix de femme qui se lamente et suit en criant ceux qui vont tuer son époux, comme une lionne suit en rugissant les voleurs qui emportent ses petits. Elle menace, elle va se précipiter sur ces prêtres qui entourent la victime; sur ces bourreaux qui vont l'imoler; on l'arrête, on la retient; la lugubre procession suit sa marche.

Mais pourquoi une victime, pourquoi des bourreaux? Qu'a donc fait cet homme? Rien. La guerre a éclaté, les légions romaines ont à leur tour traversé les Alpes, déjà une partie de la Gaule est soumise, l'autre résiste et on offre au Dieu des Gaulois un sacrifice humain pour le rendre favorable. Arrière, fourbes et cruels, ne savez-vous pas que nul dieu n'aime le sang, que nul n'a dit de tuer un homme pour apaiser Dieu, de dépeupler la terre pour plaire au ciel. Au lieu de sacrifier des Gaulois, donnez-leur des armes, envoyez-les à l'ennemi, suivez-les pour les encourager, aidez-les à repousser les conquérans, à en triompher, combattez avec eux contre l'ennemi commun, enfin, faites des hommes et non des fanatiques.

Mais, c'est bien plus horrible encore, regardez donc, ces voiles blancs qui flottent, ces cris de tout à l'heure, c'est une femme que l'on va immoler. Une femme! une jeune vierge! Les deux amans peut-être, que le mariage devait unir bientôt, que la tombe recueillera. Le voile de l'hymen sera un linceul. Ah! la croyance à l'immortalité, la foi dans une autre vie où l'âme et le corps se retrouvent avec les mêmes amours ne justifie pas, n'excuse pas, n'absout pas ces meurtres. La hache ne tombera-t-elle pas de la main du prêtre sur la pierre nue en épargnant le cou blanc et pur de la jeune fille?

Jeu de la lumière! Erreur d'optique! Ce ne sont pas des druides; nous voyons mieux, maintenant que la lune a fait quelques pas; ces vestiges d'édifice au milieu des bois, ces murailles, ces colonnes, ce ne sont pas des dolmens, c'est un petit temple payen. César, lorsqu'il était maître du cours de la Saône, a fait près d'ici un entrepôt de vivres pour ses légions; depuis, la population est venue se grouper autour des greniers d'abondance, et les prêtres ont élevé un temple à l'une de leurs mille divinités. C'est là qu'ils reçoivent les offrandes des fidèles.

L'heure de la décadence a sonné; le paganisme commence a être menacé par un culte naissant, il en sera bientôt ébranlé et ira rejoindre dans la poussière des vieux âges les milliers de religions qui ont tour à tour animé, passionné, armé, égorgé les hommes et consolé les femmes, en attendant que d'autres l'aillent rejoindre dans le vieux entrepôt des cultes en disponibilité, destinés à être quelque jour tirés de l'oubli et remis à neuf pour le service de rêveurs qui auront la prétention d'être de grands hommes.

Les nouvelles sont tristes, les barbares ont envahi la Gaule, leur armée reposée à Verdun a repris sa marche, demain un choc terrible décidera entre les nouveaux conquérans et les anciens maîtres. Le préteur romain, qui n'est pas encore converti au christianisme, a ordonné de consulter les augures, il veut demander au ciel l'issue de la bataille qui va décider de sa fortune. Armée, puissance, gouvernement, existence même, dépendent de ce combat, un général ne doit rien négliger de ce qui peut donner à ses soldats de la confiance dans le succès.

De leur côté, les prêtres ne sont pas plus rassurés sur l'avenir ; le barbare a embrassé le nouveau culte par haine des dieux de cette Rome contre laquelle il marche ; s'il triomphe, le christianisme triomphe avec lui, les autels de Mercure, de Jupiter tonnant et de Vénus sont renversés ; prêtres, temples et dieux, tout tombe. Les augures seront consultés dans l'intérêt du ciel et dans l'intérêt de la terre; au sort de l'empire est lié celui de ses divinités.

Quelle victime sacrifiera-t-on? A quelles entrailles demandera-t-on le secret des destins? Le crédit des poulets sacrés a baissé depuis que, pour les punir de ne pas vouloir manger, un général a ordonné de les faire boire en les jetant à la mer; les bœufs, les moutons ne manquent pas dans l'étable du temple; ils sont jeunes, nourris avec soin, la chair en est grasse et tendre, la laine fine et bien peignée; mais à des dieux en décadence, à des vieillards qui tombent sans forces, usés par le temps qui use tout, peut-être qu'un autre sacrifice serait plus agréable; une chair inaccoutumée flatterait leur palais, un sang qui n'a pas coulé dès longtemps fumerait plus délicieusement devant eux. La multitude ignore ce qui se prépare, parce que déjà le doute entre dans les masses, déjà la foi nouvelle pénètre au cœur des légions, on n'oserait plus leur parler d'immoler un homme pour demander à ses membres palpitans les horoscopes de l'avenir; les prêtres et les chefs romains savent seuls quel holocauste sera offert à leur divinité; c'est pourquoi au lieu de faire leur sacrifice au grand jour, vous les voyez descendre la colline durant la nuit, allant au fond de la forêt consulter leur dieu...

La lune se joue de nos sens; il n'y a point d'armes; ce sont bien des hommes qui descendent d'un pas grave, cadencé, solennel; leur costume n'est pas celui des guerriers, il n'est pas non plus celui de la foule, il est plus ample, plus uniforme. Oh! fatalité, toujours l'humanité offre le même tableau, toujours l'immolation de l'un par plusieurs!

Ce que nous avions pris pour un temple payen en ruines est un couvent habité par des moines, nous le voyons bien en face car le bateau a marché; les religieux qui se dirigent vers le couvent d'où viennent-ils? Sans doute ils ont fait une procession vers cette croix qui se dessine dans l'air au sommet du coteau, ils ont prié et ils rentrent. Mais pourquoi, au milieu d'eux, habillé comme eux, les mains liées comme un criminel, cet homme marche-t-il si péniblement? D'où vient-il? Où le mène-t-on? On l'a conduit vers cette croix, on l'a fait s'y agenouiller, il a fait amende honorable sur ce signe de rédemption qui ne le rachètera pas; il est condamné par les moines. Il résiste en vain à ceux qui l'entraînent; énergie d'un moment qui fait bientôt place à un abattement profond! Là, dans ce bâtiment, à l'endroit le plus secret, le plus obscur, le plus ignoré, sous les dalles que le pied foule sans soupçonner ce qu'elles recèlent, il y a une cavité profonde dans laquelle on vous descend vivant, avec précaution, afin que la vie du captif s'éteigne lentement au milieu des souffrances, quand il aura épuisé le pain et la cruche d'eau qu'on lui a donnés pour l'aider à souffrir plus long-temps. C'est là qu'ils mènent le condamné.

Qu'a-t-il fait? Quel est son crime? Son crime! L'intelligence vaste, l'esprit droit, il a scruté la splendeur des cieux, les richesses de la terre, il a compris cette grande harmonie dans laquelle ils se meuvent et, dans le transport de son admiration, il s'est écrié que Dieu est plus grand et meilleur que les hommes ne l'ont fait; il a voulu l'adorer d'une façon qui lui parut plus conforme à sa grandeur. Il expiera son intelligence par sa mort. La porte du couvent s'est ouverte, les moines disparaissent deux à deux derrière les murs. Leurs voix et le bruit de leurs pas s'éteignent dans l'espace. La porte se referme, c'est en ce moment que s'accomplit l'horrible sacrifice. Adieu, génie ignoré, le flambeau que Dieu t'avait donné va s'éteindre pour toujours, sans avoir éclairé autre chose que ta pierre sépulcrale.

Que de douleurs souffertes sous trois civilisations successives ces bords pourraient redire dans le silence des nuits!

L'aspect des îles aux contours bordés d'une haute végétation, entourées de petits bras de rivière assombris par les arbres des deux rives, comme les passes mystérieuses d'un fleuve inexploré du nouveau monde, provoque surtout la fantaisie et l'imagination à courir à travers les flots, à ressusciter le passé.

Bien qu'au mois de juin, la nuit était fraiche, le vent du nord s'était trompé de date et soufflait un peu de froidure; trois ou quatre passagers se promenaient en fumant sur le tillac désert, ou se chauffaient aux parois du piédestal de la colonne, tout le reste dormait dans les salons, au milieu de tant de beautés qu'on ne voyait pas, trésors dédaignés auxquels les voyageurs préféraient la chaleur et le repos. Il y avait peu de dames, le paquebot les avait semées à tous les ports, comme on distribue des fleurs à ses amis. Seul, à l'extrême pointe du bateau, assis sur un cordage, appuyé contre une ancre, absorbé par la nouveauté et l'étrangeté du spectacle nocturne, nous regardions, nous écoutions avidement.

A l'île de la Palme, longue, ombreuse, aux saules penchés et ondulant sous la brise, aux peupliers élancés, le paysage revêtit une grandeur imposante. Une sensation inconnue parcourut nos veines, notre pensée tout-à-coup rejetée en arrière franchit brusquement dix siècles, comme notre pied eût franchi quelques gouttes d'eau pour s'élancer vers l'île. La lune jetait ses rayons, ses pâles reflets à travers les arbres ; on distinguait des éclaircies dans le fourré et le jeu de la lumière faisait des saules nouvellement taillés, des soldats veillant autour de l'île et des guerriers en conférence. Les vagues murmuraient en frappant la rive rapprochée, la brise susurrait dans les feuilles ; vagues et brise nous apportaient les paroles, les reproches, les vives discussions des petits-fils de Karle-le-Grand.

Ils avaient deux fois détrôné leur père Illovigh (Louis) le Débonnaire, lui-même assassin de son neveu ; ils avaient jeté la reine, la seconde femme de Louis, leur belle-mère, dans un cloître, afin d'enlever à leur frère utérin sa part dans le grand héritage que l'empereur et roi leur avait partagé de son vivant. Deux fois le Débonnaire avait ressaisi sa couronne ; puis, fatigué de cette lutte parricide, il était mort de chagrin et d'inanition. Maintenant ses enfans luttaient entre eux.

Fils du premier lit, fils du second lit, ils étaient là, sur l'île de la Palme, en train de dépouiller Hloter, leur frère aîné, à qui Hlovigh avait donné le titre d'empereur. Celui-ci demandait l'aumône de quelques provinces pour soutenir la dignité du nom et de l'emploi et ses frères la lui refusaient durement, lui faisant la plus faible part, car il était vaincu. Ils se taillaient des royaumes dans la succession de Charlemagne : à celui-ci la Lorraine, à celui-là l'Italie et l'Allemagne et le titre de Keisar, à cet autre la France, la Bourgogne et l'Aquitaine !

Vains efforts, accords inutiles, sang répandu sans résultat ! L'île de la Palme, Strasbourg, Verdun, auront entendu des conférences et vu signer des traités impuissans. Les peuples ne veulent pas plus de la nouvelle division des territoires qu'ils n'ont voulu de la domination de Karle-le-Grand. Ils se séparent violemment ; les langues, les intérêts opposés, les aspirations, les races différentes font des circonscriptions inconnues ; les fleuves, les montagnes servent de limites ; de cinquante ans de guerres sortiront neuf états qui bientôt eux-mêmes se subdiviseront encore... Nous entendions le choc des combattans, les cris des mourans, les craquemens de cet immense édifice qui s'en allait en lambeaux....

A dix siècles de distance, cet empire devait se reformer, ces lambeaux se réunir, pour se briser et se séparer de nouveau aux yeux même de la génération actuelle ! Arrêtons-nous aux grandes divisions, ne redescendons pas à la barbarie du moyen-âge.

Ombres des Gaulois, des Romains, des Scytes, des Germains, des Arabes, qui tous avez combattu sur ces rivages, levez-vous de vos tombes ignorées ; chevaliers qui avez chevauché sur ces montagnes et ces plaines, défendu ou attaqué ces châteaux en ruines, la cuirasse sur la poitrine, la lance au poing ; paysans qu'on a pillés et pressurés, qu'on a pendus aux arbres lorsque vous réclamiez votre affranchissement, levez-vous tous ! Sortez des sables des ruisseaux, des sillons que vous avez fécondés, des rochers éboulés sur vous; levez-vous et venez voir, durant la nuit, le bateau de la paix passer entre des rivages libres.

FIN.

# TABLE.

I. — Le cheval moderne . . . . . . . . . . *page*   5
II. — Lyon gauloise, — Lyon romaine. — Situation de l'ancienne ville. — Camp des légions. — Voies romaines, aqueducs. — Lyon après la destruction de l'empire romain. — Les Huns, les Sarrasins et les Francs . . . . . . . . .   12
III. — Lyon réunie à la France. — Lutte des divers pouvoirs entre eux. — Souffrances industrielles. — Emeutes. — Persécutions. — Guerres religieuses. — Histoire de l'industrie des soieries.   25
IV. — Lyon en 1789. — Lyon sous la République, sous l'Empire, sous la Restauration, sous le Gouvernement de Juillet, sous la nouvelle république.—L'industrie à ces diverses époques. — Commerce lyonnais actuel. — Population. — Instruction publique . . . . . . . . . . . .   42
V. — Points de vue. — Sites pittoresques . . . .   67

| | |
|---|---|
| VI. — Monumens . . . . . . . . . . . . . | 87 |
| VII. — Steamer. — Simple théorie de la vapeur. . | 128 |
| VIII. — Historique de la vapeur. . . . . . . . . | 159 |
| IX. — Départ de Lyon . . . . . . . . . . . . | 156 |
| X. — Trévoux. — Bataille des légions. — Anse. — Villefranche. — Montmelas. — Coteau beaujolais. — Vignobles . . . . . . . . . . . . . | 181 |
| XI. — La Dombes . . . . . . . . . . . . . . | 196 |
| XII. — Iles d'Albigny. — Ile Belle. — Iles de Guerreins. — Belleville. — Beaujeu. — Thoissey. | 204 |
| XIII. — La Bresse.. . . . . . . . . . . . . . | 220 |
| XIV — Entre les rives. . . . . . . . . . . . . | 242 |
| XV. — La côte mâconnaise. . . . . . . . . . . | 252 |
| XVI. — Mâcon . . . . . . . . . . . . . . . | 254 |
| XVII. — De Mâcon à Tournus. — Iles. Villages. — Châteaux. — Colonies arabes. — Mœurs . . . | 274 |
| XVIII. — Tournus . . . . . . . . . . . . . . | 289 |
| XIX. — De Tournus à Châlon. — Rive droite, Bresse Châlonnaise. . . . . . . . . . . . . . . | 304 |
| XX. — Chalon . . . . . . . . . . . . . . . | 310 |
| XXI. — Voyage de nuit. . . . . . . . . . . . | 327 |

FIN DE LA TABLE.

# VUES.

—

Lyon, du quai de Bourgneuf.
Métier à fabriquer les étoffes de soie.
Trévoux.
Mâcon.
Tournus.
Chalon.
Carte du littoral de la Saône.

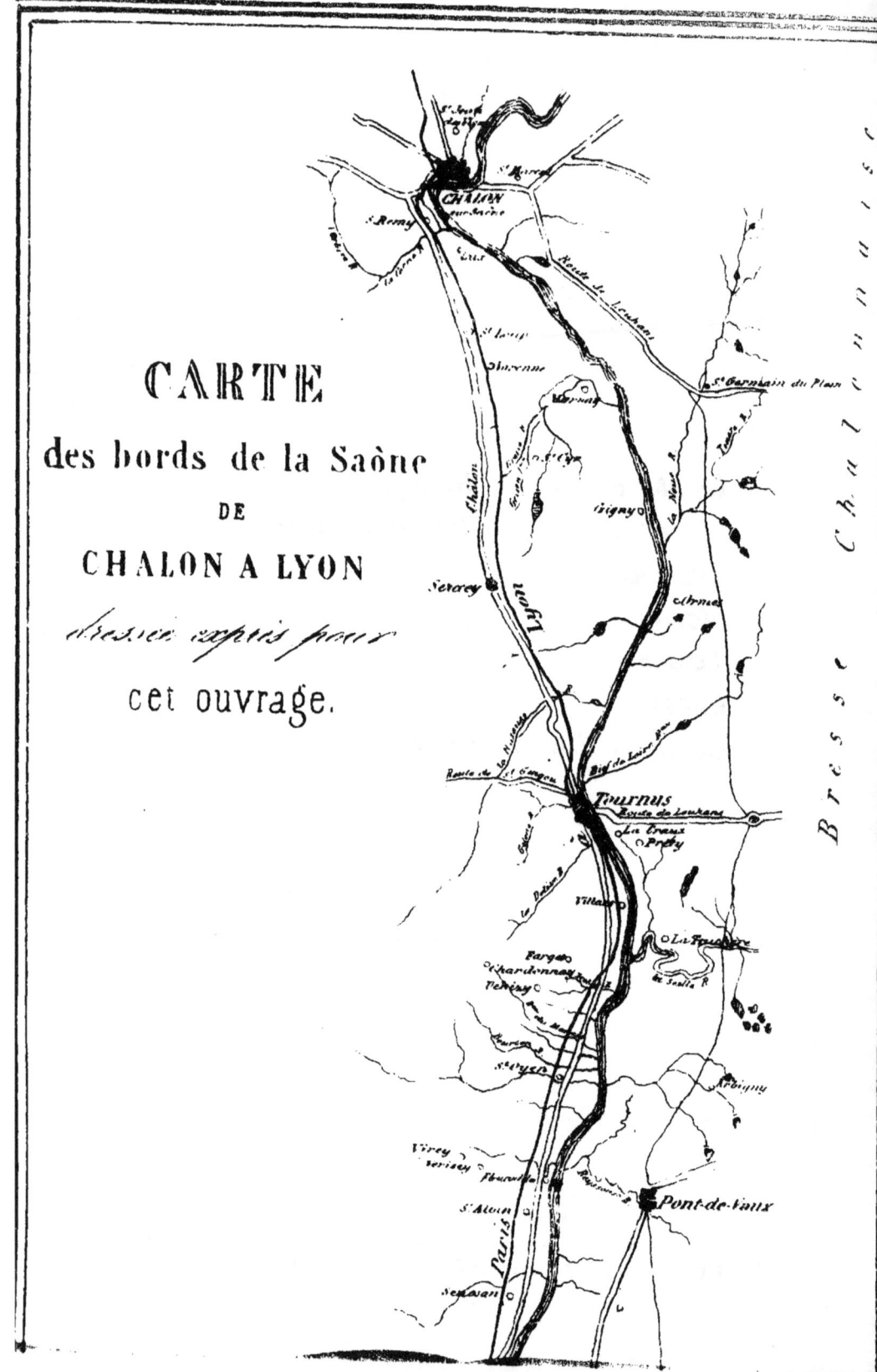

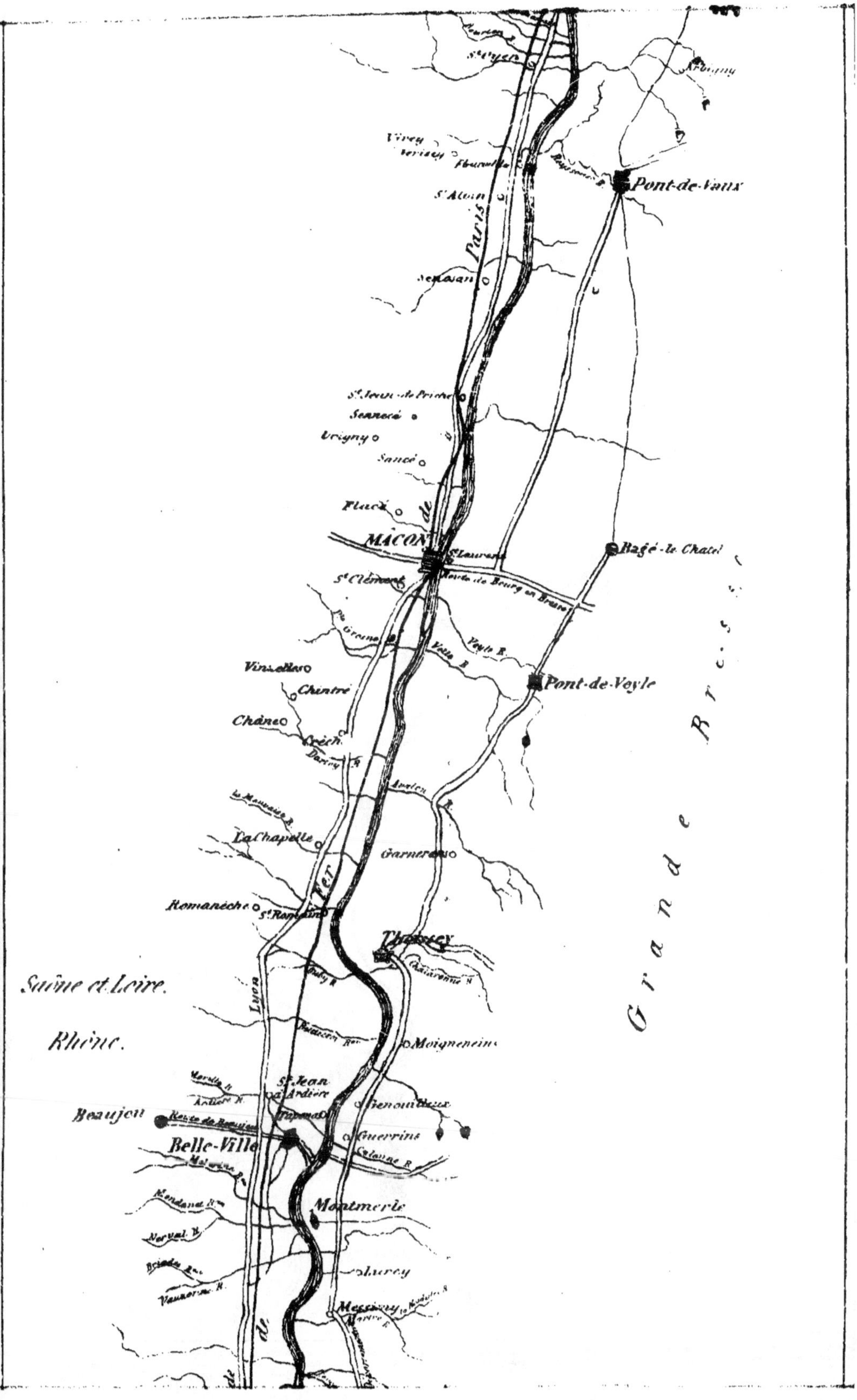

Pont-de-Vaux
St Albain
Senozan
Paris
Sennecé
Sancé
Flacé
MÂCON
St Laurent
St Clément
Route de Bourg en Bresse
Bagé-le Chatel
Veyle R.
Pont-de-Veyle
Vinzelles
Chintré
Chânes
Crèche
LaChapelle
Garnerans
Romanèche
St Romain
Fer
Thoissey
Lyon
Saône et Loire.
Rhône.
Moigneneins
St Jean d'Ardière
Beaujeu
Belle-Ville
Montmerle
Messimy
Grande Bresse

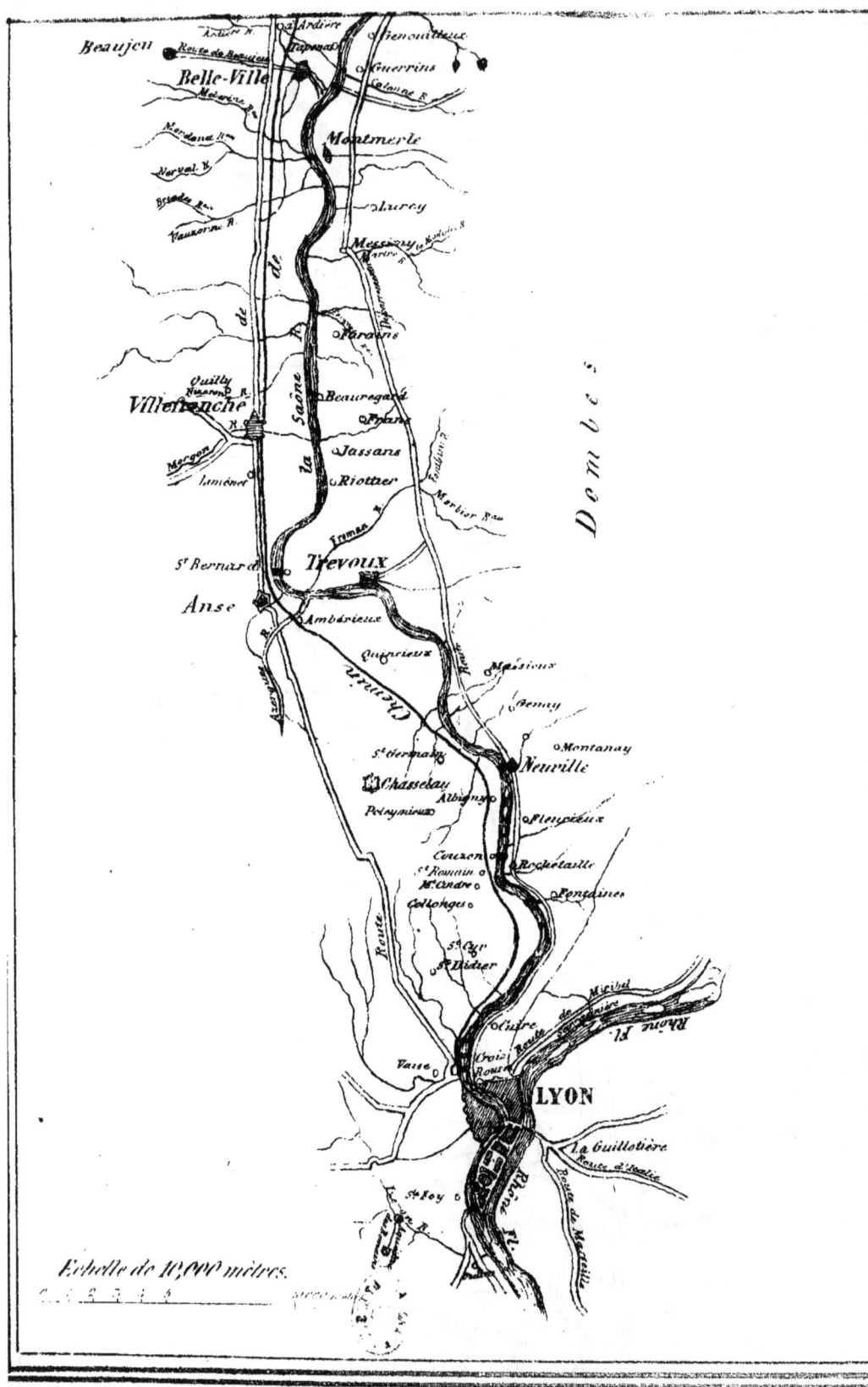

www.ingramcontent.com/pod-product-compliance
Lightning Source LLC
Chambersburg PA
CBHW050731170426
43202CB00013B/2251